SCHWARZDRUCK

Dagmar Hoßfeld, Renate Wullstein

Das weibliche Potsdam

Kurzbiographien aus drei Jahrhunderten

SCHWARZDRUCK

VERLAG SCHWARZDRUCK POTSDAM

Für ihre Mitarbeit,
ihren Rat und ihre Informationen danken wir
Helga Arlt, Gottfried Kunzendorf,
Jörg Limberg, Gunnar Porikys, Wolfgang Tripmacker
und den Frauen und Männern der Stadt- und Landesbibliothek Potsdam.

Lektorat: Matthias Schieckel
Umschlagfoto: Siegfried Gebser
Umschlaggestaltung, Layout und Satz: Rüdiger Puntke, Berlin
Gesamtherstellung: Druckerei Hans Gieselmann, Potsdam-Rehbrücke
Verlag Schwarzdruck, Bertinistraße 1-5, 14469 Potsdam, Telefon: 0331 - 280 42 40
ISBN 3-933297-00-1

Vorwort

Auf der Suche nach der weiblichen Geschichte Potsdams stellte sich heraus, daß die Frauen zu keiner Zeit aus der männlichen Kultur und Ordnung ausgeschlossen waren, sondern in einer anderen Existenzweise mit eigenen Erfahrungs-, Wahrnehmungs- und Ausdrucksweisen in ihr existierten.

Schon um den preußischen Thron herum haben sich bedeutende Frauen befunden, und es war ihr Verhängnis, daß sie in einem militär-orientierten Männerstaat leben mußten; ihre Gedanken und Dienste waren meist unerwünscht. Auch an der Seite der Fürsten lebten kluge Frauen, zukunftsorientiert, die Entwicklungen der Zeit ahnende und verstehende Frauen, deren Schicksal es war, von der Borniertheit der Männer ihrer Umgebung dominiert zu werden.

Vergeblich suchten wir eine Frau unter den Ehrenbürgern der Stadt. Bis heute gilt in Potsdam das Ehrenbürgerrecht, 1853 eingeführt, nur für Männer. In der Städteordnung ist festgehalten, daß "die Ehrenbürgerschaft nur an Männer verliehen werden könne, die sich um die Stadt verdient gemacht haben." In Berlin zum Beispiel wurden, wenn auch erst nach 1945, in bescheidenem Maße Frauen berücksichtigt. Unter den 99 Ehrenbürgern sind die Bürgermeisterin Louise Schröder (1957), die Alterspräsidentin des Deutschen Bundestages und Frauenrechtlerin Marie E. Lüders (1958), die Lyrikerin Nelly Sachs (1967) und die Schriftstellerin Anna Seghers (1975).

Schon die Königin Sophie Charlotte, die nur 37 Jahre alt wurde, versuchte Maßstäbe zu setzen, als sie 1705 im Schloß Charlottenburg einen philosophischen Zirkel hielt. Die Gattin Friedrich I. stand mit dem Philosophen Gottfried Wilhelm Leibniz seit 1690 im Briefwechsel. Schon als junges Mädchen hatte sie ihn in Hannover verehrt und als ihren Lehrer angesehen. Auf dem Schloß Charlottenburg versammelte Sophie Charlotte gelehrte Männer zu Gesprächen. Gemeinsam mit Leibniz gründete sie in Berlin die Akademie der Künste, von ihrem Enkel Friedrich II., der sie nicht mehr erlebte, wurde sie heiß geliebt und als Vorbild in der Pflege der schönen

Künste und Wissenschaften betrachtet.

Bis weit ins letzte Jahrhundert galt weibliche Gelehrsamkeit jedoch als Privatvergnügen, das allenfalls hinter Klostermauern oder im stillen Kämmerlein statthaft war. Wissen und Macht waren die Monopole des männlichen Geschlechts. Von handwerklichen Lehren und Gewerben, die den Frauen im Mittelalter noch offenstanden, sperrten die Zünfte sie später aus. Oft zeigt sich eine seltsam anmutende Furcht vor den Frauen in Männerschriften. Freiherr von Knigge bekannte 1788, daß ihn stets der Fieberfrost befalle beim Anblick denkender Weibsbilder. Auch Max Planck, Rudolf Virchow und Theodor Fontane überlieferten, was sie über Frauen dachten, die sich in Männerdomäne wagten. Aber dazu später.

Es bleibt Spekulation, welche Entwicklung Deutschland nach 1848 genommen hätte, wenn an Stelle von Bismarck Königin Augusta oder später Kaiserin Victoria regiert, wenn in Preußen Frauen die Macht übernommen hätten, jedoch war eine weibliche Erbfolge bei den Hohenzollern ausgeschlossen.

Im 18. Jahrhundert galt in Preußen als ideale Frau diejenige, die sich ihrer geistigen Minderheit bewußt, mit Küche, Kinderstube, Krankenstube und Kirche - und sonst nichts - begnügte. Die Frauen waren dazu da, den Männern ihr rauhes Leben zu verschönern, die Familien zu erhalten und durch Kinderreichtum zu vergrößern. Im Zeitalter des Rokoko kam die Freude am Genuß, sowie die Liebe zum Luxus aus Frankreich nach Preußen. Es war eine Zeit, in der die fürstlichen Männer und Frauen in getrennten Bereichen lebten. (Das gemeinsame Schlafzimmer war eine Einrichtung des Bürgertums.) „Lustschlösser", „Lustmahle" und „Lustlager" dienten der Sinneslust und anderen Genüssen des Lebens, es war eine Epoche großer Sinnenfreudigkeit, grausamer Eroberungskriege und froher Feste. Die Legende, daß Friedrich der Große ein Frauenhasser gewesen sei, erklärt sich durch die Geschichtsschreibung des 19. Jahrhunderts, das weitaus prüder als das vorangegangene Jahrhundert der Nachwelt ein „heiliges Bild" vom König von Preußen überliefern wollte.

Das Mätressenwesen, ebenfalls von Frankreich übernommen, wurde bald eingeschränkt. Am 17.11.1782 mußte ein Edikt gegen den überhandgenommenen Mißbrauch der Ehescheidungen erlassen werden; das Mätressenhalten vieler Offiziere ließ Friedrich durch Kabinettsorder verbieten. Als sich jedoch ein Geheimer Rat F. über ein gewisses Haus, das seiner Wohnung gegenüber lag, beschwerte, antwortete der König schriftlich: „Mein lieber F., in Eurem und in meinem Alter kann man nichts mehr machen; wir wollen diejenigen machen lassen, die noch können."

1786, nach dem Tod des Alten Fritz, hatte der Neffe die Macht übernommen, Friedrich

Wilhelm II., der angeblich ganz Potsdam in ein Bordell verwandelte. Der Bildhauer Johann Gottfried Schadow beschrieb, es herrsche die größte Liederlichkeit. Alles besoff sich mit Champagner, fraß die größten Leckereien, frönte allen Lüsten.

Im 19. Jahrhundert galten die gleichen Tugenden wie zuvor. Nach 1848 bildete sich jedoch eine starke Frauenrechtsbewegung heraus.

Louise Otto und Auguste Schmidt gründeten 1865 den Allgemeinen Deutschen Frauenverein mit dem Ziel: „Freiheit für Arbeit und Bildung".

Victoria als Kronprinzessin und Ehefrau Friedrichs III. und ihre Schwiegermutter Kaiserin Augusta unterstützten die Frauenbewegung von Potsdam aus. 1888 lud Victoria die Pädagogin und Frauenrechtlerin Helene Lange nach Potsdam ein und erteilte ihr den Auftrag, Pläne für ein modernes Frauengymnasium zu entwerfen. Die Männer reagierten verstört. Als Wilhelm III. 1888 starb, äußerte Theodor Fontane sichtlich erleichtert: "Alles atmete auf, als das Kranken- und Weiberregiment ein Ende nahm."

Am Ende des Jahrhunderts erschien eine Reihe von Büchern, die als Antwort auf das Entstehen der Frauenbewegung gewertet werden muß. Eine denkwürdige Schrift, die viele Auflagen erlebte, verfaßte 1900 der Neurologe Paul Julius Möbius unter dem Titel: „Über den physiologischen Schwachsinn des Weibes".

Der Physiker und Nobelpreisträger Max Planck begründete 1897 in einem Beitrag zum Thema „Die akademische Frau" seine Abneigung mit folgender Feststellung: *„...daß die Natur selbst der Frau ihren Beruf als Mutter und als Hausfrau vorgeschrieben hat und daß Naturgesetze unter keinen Umständen ohne schwere Schädigungen ignoriert werden können"*.

Der große Gelehrte Rudolf Virchow verließ den Vorstand eines Lyzeums, weil dort die erste Ärztin Berlins Vorträge über Gesundheitslehre halten wollte.

Erst 1896 konnten Frauen in Preußen das Abitur ablegen. Die offizielle Zulassung von Frauen zum Studium folgte jedoch erst 1908. Andere deutsche Staaten waren etwas schneller. Die Studiererlaubnis gab es in Baden 1901, in Bayern 1903 und in Württemberg 1904.

1901 veröffentlichte Lily Braun ihr mehr als 500 Seiten umfassendes Werk „Die Frauenfrage", worin sie vom Altertum bis in die damalige Gegenwart die Situation der Frauen weltweit beschrieb und mit Statistiken untermauerte. Zu diesem Zeitpunkt war die Frauenbewegung bereits entzweit. Die dem Proletariat zugehörige Klara Zetkin setzte sich am Ende an die Spitze der Frauenbewegung und verdrängte machtbewußt und durch Intrigen die bürgerlichen Frauen, zu denen Lily Braun gehörte.

Das Frauenwahlrecht wurde nach dem 1. Weltkrieg 1919 eingeführt. Ab 1922 wurden Frauen auch zu den „staatstragenden“ Berufen der Rechtspflege zugelassen. Von 1933 bis 1949 wurden sie wieder ausgeschlossen.

Die Rückschau auf drei Jahrhunderte „weibliches Potsdam“ dient keiner ideologischen Rechtfertigung, belegt jedoch das Streben nach Anerkennung und Gleichberechtigung in einer Gesellschaft, die so selbstverständlich und unwidersprochen vom patriarchalischen Denken geprägt war und ist.

Renate Wullstein

Das 18. Jahrhundert

Wilhelmine - Prinzessin von Preußen
Elisabeth Christine - Königin von Preußen
Doris Ritter
Anna Louisa Karsch
Barberina Campanini
Amalie - Prinzessin von Preußen
Gertrud Mara
Wilhelmine Enke
Henriette Rahel Baranius
Königin Luise

Wilhelmine - Prinzessin von Preußen, Markgräfin von Bayreuth

1709-1758

Gehen wir durch den Park von Sanssouci, finden wir gegenüber vom Neuen Palais den Freundschaftstempel, ein kleines Bauwerk, das Friedrich II. zu Ehren seiner Lieblingsschwester Wilhelmine errichten ließ.

1709 geboren, wuchs sie in Berlin und Potsdam auf und war wie ihre jüngere Schwester Amalie von rascher Auffassungsgabe, musikalisch und voller Esprit. Unter dem Druck ihres Vaters, des Soldatenkönigs, mußte sie 1731 den Markgrafen von Bayreuth heiraten. Zu dieser Zeit war der Bruder wegen seines Fluchtversuches in Küstrin inhaftiert, und nur unter der Bedingung seiner Freilassung, willigte sie in die Hochzeit ein. Sie zog zu ihrem Mann, fort vom autoritären Vater, der hysterisch und gewalttätig war.

In ihren Memoiren, die sie mit 33 Jahren schrieb, rechnete sie mit seiner drakonischen Erziehung ab. Noch heute ist ihre Autobiographie eine interessante Quelle des gesellschaftlich höfischen Lebens der damaligen Epoche.

Der starke Bezug der preußischen Königstochter zu Potsdam schlug sich in häufigen Besuchen Sanssoucis nieder, da sie in Bayreuth nie glücklich wurde. Wilhelmine und Friedrich ähnelten sich äußerlich, sie dachten und fühlten gemeinsam und hatten die gleichen musischen Interessen. Beide verachteten den Vater und verehrten die Mutter, beide liebten Literatur, Theater und Philosophie. 1750, nach einem längeren Aufenthalt im Schloß schrieb sie ihrem Bruder: *„Im Geiste kehre ich immer wieder nach Potsdam zurück. Ich trete in Ihr Kabinett und sehe Sie für das Wohl des Landes arbeiten."*

Das einzige Kind der Ehe, Elisabeth Friederike Sophie, wurde 1732 geboren. Durch die Markgräfin erlangte Bayreuth auf dem Gebiet der Künste einen bedeutenden Platz unter den Residenzen. 1737 übernahm sie selbst die Intendanz der Hofoper. Durch ihre Initiative erfuhren Hofkapelle, Oper und Theater besondere Förderung. Sie komponierte und musizierte, sie hatte

Voltaire kennengelernt und vertiefte ihre Bekanntschaft 1750. Vorübergehend konnte sie ihn für einen Aufenthalt in Bayreuth gewinnen. Die Korrespondenz riß auch nicht ab, als der Dichter und ihr Bruder Friedrich II. sich entfremdet hatten. Als im Siebenjährigen Krieg geheime Friedensverhandlungen mit Frankreich eingeleitet werden sollten, ging die höchst vertrauliche Post über Wilhelmine, Voltaire und den Grafen Mirabeau. Auch der rege Briefwechsel der Geschwister ist ein beispielloses Dokument aus damaliger Politik, Weltgeschehen und Privatem.

Überliefert ist ebenso ihr Widerstand gegen das konsequente System der Etikette, dem sie sich häufig verweigerte.

1753 schrieb Graf Lehndorff über sie: *„Ich glaube, daß sie auf einem Thron eine berühmte Frau geworden sein würde, ihr ganzes Denken wäre auf das Große, auf eine tüchtige Wirksamkeit gerichtet gewesen, während sie jetzt nichts Großes findet, womit sie sich beschäftigen könnte."*

Elisabeth Christine - Königin von Preußen

1715 - 1797

Auf diese preußische Königin fiel wenig von dem Glanz und der Anerkennung, die ihrem Mann Friedrich dem Großen zuteil wurden.

Ihr Wesen wird als bescheiden, schüchtern und ungekünstelt beschrieben, ganz entgegengesetzt dem ihres Mannes. Elisabeth war nicht die Frau seiner Wahl, politische Heiraten waren ein Teil der damaligen europäischen Hauspolitik, die Ehe war von Friedrichs Vater befohlen worden. Elisabeth liebte und verehrte Friedrich jedoch von Anfang an über die gesamte Ehezeit über ein halbes Jahrhundert, und es war ihr Unglück, daß diese Liebe nie erwidert wurde.

Geboren wurde sie am 8.11. 1715 in Wolfenbüttel als älteste Tochter des Herzogs Ferdinand Albrecht II. von Braunschweig-Bevern. Siebzehnjährig verlobte man sie mit dem Kronprinzen Friedrich von Preußen, ein Jahr später wurde sie dessen Frau. Bis zum Tode des Vaters lebte das kinderlose Paar harmonisch in Rheinsberg. Mit Friedrichs Thronbesteigung 1740 wurde Rheinsberg aufgegeben, und jetzt schenkte er seiner Gemahlin das Schloß Schönhausen bei Berlin als Sommerresidenz. Es war nicht nur am Hofe des Königs von Preußen üblich, daß die Königinnen ihre eigenen Schlösser besaßen und getrennt von ihren Ehemännern lebten. Friedrich II. hielt wie viele Männer und auch Frauen seiner Zeit nichts von der Ehe, er liebte die Freiheit im Sinne von Rousseau. Er sorgte jedoch fürstlich für seine Frau und ermöglichte ihr, standesgemäß als Königin von Preußen zu leben. Das alte Schloß hatte Elisabeth schon beim ersten Besuch 1734 gefallen, obwohl es verfallen und verwahrlost war. Mit der Neugestaltung des verwilderten Parks im Norden Berlins setzte sie sich ein lebendes Denkmal. Die Naturfreundin ließ dort Plantagen von Maulbeerbäumen, später weitere wilde und zum Teil fremde Bäume pflanzen. Ihre Vorstellung von der Nutzung des Parks schlug sich in dem Ausspruch *„Jede anständig gekleidete Person hat darin Zutritt"* nieder.

Das Schloß der Königin war jedoch kein Verbannungsort, wie einige Historiker behaupten, sondern unverzichtbarer Teil des Preußischen Hofes. Auswärtige Gäste, Minister und Gesandte wurden in Schönhausen empfangen, Feste gefeiert.

Kaum bekannt ist ihr soziales Engagement, die Ansiedlung von Leinewebern nordöstlich von Berlin, die Gründung der ersten Taubstummenanstalt Deutschlands und auch ihre schriftstellerischen Tätigkeiten, wie die Übersetzung der „erbaulichen Schriften" aus dem Deutschen ins Französische.

Zur Einweihung des Schlosses Sanssouci 1747 wurde die regierende Königin nicht eingeladen. Erst Jahre später bekam Elisabeth die Residenzen ihres Mannes zu sehen, am Ende des Siebenjährigen Krieges, als Friedrich im Felde und Elisabeths Mutter in Berlin weilte, ergab sich eine Gelegenheit, die Schlösser zu sehen. Es wurde von der Bevölkerung als Sensation angesehen, einmal die Königin zu Gesicht zu bekommen. Andere Überlieferungen besagen jedoch, daß die Königin Potsdamer Boden nie betrat.

Ein reger Briefwechsel, der auch während der Kriege Preußens nicht abriß, verband sie mit ihrem Mann, dem weithin berühmten und für seine Kauzigkeit auch berüchtigten Friedrich dem Großen. Im Stiftungs-Archiv von Sanssouci sind die Briefe erhalten.

In seinem Testament von 1769 beschreibt er seine Gemahlin als Fürstin, die *„nie vom Pfade der Tugend abgewichen ist, wofür sie Ehrfurcht, Achtung und Liebe verdiene".*

Nach ihrem Tod am 13.1.1797 im Berliner Stadtschloß verfaßten die Einwohner von Niederschönhausen, dem „Sommeraufenthalte der Höchstseligen Königin von Preußen", einen ländlichen Gesang, sie zu ehren.

Doris Ritter

Tragisch könnte man das Schicksal dieser jungen Frau nennen, deren Musikalität den jungen Friedrich fesselte und sie so in eine unheilvolle Liaison verstrickte.

Doris Ritter wurde 1714 geboren. 1729 zog die Familie von Thüringen nach Potsdam, wo ihr Vater Matthias Ritter das Rektorat der Potsdamer Stadtschule übernahm. Er war außerdem Kantor der Nikolaikirche, und seine stimmbegabte Tochter konnte so vor großem Publikum auftreten.

Kronprinz Friedrich sah und hörte die Sechzehnjährige dort wahrscheinlich zum ersten Mal. In Begleitung des Leutnants von Ingersleben, aber auch allein besuchte er sie danach mehrmals. Er schenkte ihr Blumen und fürstliche Pergamente. Einmal gab Friedrich ihrem Vater 50 Dukaten, dafür sollte er dem Mädchen etwas zum Anziehen kaufen. Doris schenkte ihm ein kleines Medaillon, das ihr später zum Verhängnis werden sollte. Friedrich ließ sie sogar einmal nach Rheinsberg kommen und besuchte sie dort in ihrer Herberge.

Nach seinem Fluchtversuch vor väterlicher Willkür und Gewalt kam auch die junge Frau in Verdacht, mit dem Kronprinzen gegen den König Friedrich Wilhelm I. intrigiert zu haben. In seinen Sachen wurde ihr Medaillon gefunden.

Am 5. September 1730 wurde Doris Ritter verhaftet. Leutnant von Ingersleben hatte, um seinen Kopf zu retten, alles erzählt. Er machte aus der vom Kronprinzen Verführten eine Verführerin und kam mit einer Strafversetzung davon. Über die junge Frau aber brach der ganze Zorn des strengen Soldatenkönigs herein. Peinlichen Verhören ausgesetzt, gab sie zu, neben einem seidenen Schlafrock auch einmal zehn, in Rheinsberg elf Dukaten als Präsent erhalten zu haben. Daraus schloß der König, daß sie ihre Liebe verkauft habe. Sie fand keinen Beistand vom Kronprinzen, der vor dem Kommandanten der Festung Spandau erklärte, das Verderbte im Verhalten der Jungfer sei ihm jetzt voll bewußt. Friedrich Wilhelm I. befahl zur Abschreckung die öffentliche Auspeitschung. Am nächsten Tag erließ er eine Kabinettsorder, sie auf ihre Jungfernschaft zu untersuchen. Obwohl Hebamme und Arzt versicherten, sie sei noch Jungfrau, wurde sie zur Mahnung für all jene Jungfern, die unzüchtig zu lieben gedenken, vor der Stadtschule ihres Vaters und der Nikolaikirche, wo alles so gut begonnen hatte, auf dem blanken Rücken ausgepeitscht. Sie wurde des Hochverrats verdächtigt, und der Fall erregte soviel Aufsehen, daß sogar die fremden Diplomaten darüber an ihre Höfe berichteten.

„Auf ewig" mußte die Unschuldige einen Tag später ohne Urteil in das „Spandoische Zucht- und Arbeitshauß". Ihren Vater entließ man aus seinem Schulamt. Er mußte Potsdam und Preußen verlassen und zog nach Mecklenburg. Erst nach fast vier Jahren endete für Doris Ritter die harte Arbeits-Haft im 1688 eröffneten ersten preußischen Spinn- und Arbeitshaus, dessen Hauptauftraggeber das Militär war. Zehn bis 14 Stunden saßen die Frauen täglich am Spinnrad, die Tagesmenge gesponnenen Garns war vorgegeben. Außerdem mußten sie Uniformen, Fahnen und Leinen weben und nähen.

Die gebrochene Frau heiratete den Berliner „Materialisten" Schommer. Der erhielt 1744 durch eine kleine Geste des einstigen Kronprinzen, nun König von Preußen, die Stelle eines „Schreibers einer Mietskutschenkanzlei", wie es der Philosoph und scharfzüngige Friedrich-Freund Voltaire ausdrückte. Sie gebar einen Sohn und drei Töchter. In dürftigen Verhältnissen lebend, richtete sie bereits 1742 an den nunmehrigen König ein Gesuch um ein kleines Zeichen der Huld. Sie wollte sich ein Handwerk aufbauen. Mit einer königlichen Randbemerkung versehen, erhielt sie es zurück: *„Ihr König kann nicht kreditieren, es muß sich ein jeder im Leben so fügen, wie es Gott gewollt !"*

Anna Louisa Karsch

1722-1791

Die Dichterin steht mit Potsdam indirekt in Beziehung, denn sie lebte immer in Berlin. Sie war die erste Frau in Deutschland, die als Schriftstellerin vom Ertrag ihrer Feder lebte. Friedrich II. empfing sie am 11. August 1763 im Marmorsaal des Schlosses Sanssouci zur Audienz.

Jedoch warb sie mit ihren Versen erfolglos um die Gunst des Königs.

Als Anna Louisa Dürbach wurde sie 1722 im schlesischen Ort Dürbach geboren. Ihre Mutter, Tochter eines Försters, war unter den adligen Fräulein eines in der Nähe liegenden Schlosses erzogen und hatte die Spuren einer besseren Ausbildung behalten. Der Vater war Gastwirt und Bierbrauer und der angesehenste unter den sieben Einwohnern des Ortes. Von ihrem Großonkel lernte Anna Louisa das Lesen. Sie las in der Bibel und merkte sich mit einem kolossalen Gedächtnis fast alles auswendig. Mit 13 Jahren hütete sie Rinder und entwickelte dabei Tag für Tag auf der Weide ihr poetisches Talent. Mit einem gleichaltrigen und gleichgesinnten Jungen, der immer neue Bücher auf die Weide mitbrachte, war sie jahrelang befreundet.

In erster Ehe, die vier Jahre dauerte, verirrte sie sich an den Tuchweber Hirsekorn, der, brutal und primitiv, geglaubt hatte, sie brächte eine gute Mitgift. Ihr zweiter Mann, der Schneider Karsch, war dem Alkohol ergeben.

In Berlin wurde die Karschin Gesprächsthema mit dem Vortrag ihrer Gedichte, Oden, Arien und Lieder, die sie bei jeder Gelegenheit aus dem Stehgreif improvisierte.

In Halberstadt und Magdeburg wurde sie der königlichen Familie vorgestellt und fand dort in Johann Wilhelm Ludwig Gleim einen Freund und Beschützer, der sie die „deutsche Sappho" nannte. Er veröffentlichte 1764 in Berlin eine Auswahl ihrer Gedichte, mit der sie 2000 Taler verdiente. Graf von Stolberg-Wernigerode hatte ihr ein Jahresgeld ausgesetzt. Eines ihrer Kinder, die in einer Pension aufwuchsen, war die spätere Berliner Unterhaltungsschriftstellerin Karoline Luise von Klencke.

Friedrich vergaß sein Versprechen, sie zu unterstützen, das er bei ihrem Besuch in Sanssouci gegeben hatte. Daran erinnert, ließ er der Karschin innerhalb von 23 Jahren etwa 90 Taler zukommen. Eine Sendung von zwei Talern sandte sie 1773 mit der Inschrift zurück:

„Zwei Thaler giebt kein großer König: Denn sie vergrößern nicht mein Glück. Nein, sie erniedern mich ein wenig: Drum geb' ich sie zurück."

Sie schrieb Gedichte auf Geburten, Hochzeiten und Todesfälle, über Essen und Trinken. Immer fühlte sie sich den einfachen Dingen verbunden. Und sie huldigte mit ihrer Kunst immer wieder Friedrich II. In ihm sah sie den Befreier ihrer schlesischen Heimat, den Sieger, den Monarch, den Mensch und Philosoph vereinet.

Die Karschin korrespondierte mit Goethe, Herder und Moses Mendelssohn. Erst der Nachfolger, Friedrich Wilhelm II. ließ Anna Louisa Karsch am Berliner Hackeschen Markt ein Haus bauen.

Die Grabtafel der Karschin befindet sich auf dem Friedhof der Sophiengemeinde in Berlin.

Barberina Campanini

1721-1799

Eine von Friedrich II. hochbezahlte Künstlerin war die Italienerin Barberina Campanini, berühmt und schwer zu engagieren. Ein Resident Preußens, der sie in Venedig sah, empfahl sie seinem König, der gerade auf der Suche nach einer ersten Tänzerin für sein Hoftheater war. Friedrich, immer bemüht, seinem jungen preußischen Staat auch künstlerische Glanzpunkte zu verleihen und um so mehr in den Mittelpunkt Europas zu stellen, wollte die Barberina sofort engagieren. Mündliche Vereinbarungen wurden geschlossen, ein Vertrag sollte folgen. Diesen zu unterzeichnen weigerte sich die Diva. Sie hatte sich gerade in einen jungen Lord verliebt und andere Pläne. Wider preußische Tugenden und gegen die Pläne des Königs waren Gründe genug, einen diplomatischen Zwist mit der Seerepublik Venedig vom Zaun zu brechen. Friedrich verlangte die Auslieferung der Tänzerin. Nach anfänglichem Zögern gab man dem Gesuch schließlich nach und überstellte die Barberina, die schließlich mit zahlreicher Dienerschaft und dem jungen Lord in Berlin eintraf.

Schon einige Tage nach ihrer Ankunft mußte sie dem König vortanzen. Ihre außerordentliche Schönheit, heute auf vielen Gemälden der königlichen Schlösser dokumentiert, und ihre geistreiche Konversation ließen den König alle Querelen vergessen.

1721 wurde sie in Parma geboren. Am 14. Juli 1739 stand sie das erste Mal auf den Brettern der Oper und wurde schnell zur Nummer eins in Europa. Sie trat vor Ludwig XV. in Fontainebleau auf, 1740 in Versailles. Und vom Covent-Garden-Theater in London trat sie den Siegeszug an nach Irland, wo sie von den Zuschauern in Dublin umjubelt wurde.

Am 8. Mai 1744 traf die heiß Umstrittene in Berlin ein. Anfang 1748 wurde das Innere des Theaters im Potsdamer Stadtschloß fertig. Wenn die Barberina in Potsdam weilte, sei sie in der Nähe im „Roten Adler" abgestiegen. Friedrich lud sie zum Souper nach Potsdam ein, eine seltene Ehre für Frauen. Sie durfte an der „Confidenztafel" teilnehmen, zu der er sonst nur die adligen Damen des Hofes bat. Daß sie seine Geliebte war, ist nicht belegt, obwohl man in Berlin vom „Königsliebchen" sprach. Ihr Bildnis, das Friedrich II. vom Hofmaler Antoine Pesne malen ließ, hing in seinem Schlafzimmer. Er wachte eifersüchtig darüber, daß die Campanini unverheiratet bleibe. Die Barberina hatte allerdings die Ehe stets im Sinn und ließ sich endlich heimlich mit dem jungen Lord Gocceji 1749 trauen. Erst 1751 nannte sie sich öffentlich Frau von Gocceji. Als die Behörden sie zur Verantwortung ziehen wollten, trat Friedrich jedoch für sie ein, nachdem sie ihm einen Brief geschrieben hatte. Die Ehe wurde 1788 wieder geschieden, vom König wurde die Barberina zur Gräfin Campanini erhoben.

Amalie - Prinzessin von Preußen

1723-1787

Prinzessin Amalie war eine der jüngeren Schwestern Friedrich des Großen, die als einzige der sechs Töchter des Soldatenkönigs unverheiratet blieb. Früh zeigte sich ihre musikalische Begabung. Noch heute gibt es eine Schallplatte mit einigen ihrer Kompositionen. Die Amalienbibliothek des ehemaligen Joachimsthaler Gymnasiums beherbergt unter anderem ein vollständiges Original des „Musikalischen Opfers" Johann Sebastian Bachs, das dieser einst Friedrich II. übersandte, der es wiederum seiner Schwester vermachte. Amalie sammelte die Autographen des großen Komponisten, auf die Felix Mendelssohn Bartholdy im 19. Jahrhundert zur Wiederaufführung der Matthäus-Passion zurückgreifen konnte.

In Berlin und Potsdam wuchs die Prinzessin gemeinsam mit ihrer Schwester Ulrike (1720-1784), die 1743 den schwedischen Thronfolger heiratete, auf. Auch Amalie stand als mögliche Heiratskandidatin zur Disposition, doch sie selbst trat unter dem Vorwand, nicht konvertieren zu wollen, zurück. Zwei weitere mögliche Heiraten mit dem russischen Großfürsten Peter bzw. mit dem Sohn Ludwig XV. von Frankreich, Louis, verhinderte später ihr Bruder Friedrich.

Ähnlich wie ihr Bruder soll Amalie oft mit scharfer Zunge grob und schonungslos die Wahrheit gesagt haben. Sie besaß ein eigenes Palais in Berlin, besuchte Friedrich jedoch häufig in Sanssouci und besorgte ihm die Wäsche, als die Mutter Sophie Dorothea tot war. Das Verhältnis der beiden Geschwister war besonders eng nach dem Tod von Friedrichs Lieblingsschwester Wilhelmine von Bayreuth 1758.

Amalie repräsentierte für den Hof, dichtete, komponierte und las in ihrer umfangreichen Bibliothek. 1756 sorgte Friedrich dafür, daß Amalie Äbtissin von Quedlinburg wurde. Berühmt wurde sie durch ihr heimliches Verhältnis mit dem Gardeoffizier Baron Friedrich von der Trenck, der sich durch seine dreibändige Autobiographie ebenfalls einen Namen gemacht hatte. Alle Welt hielt Amalie für den Hauptspion ihres Bruders, wie Thiébault in „Souvenirs de Berlin" schrieb, und hegte eine merkwürdige Scheu vor ihr. Während des Siebenjährigen Krieges ließ sie Wahrsagerinnen und Kartenleger zu sich kommen und sandte ihre gewonnenen Erkenntnisse dem König zu. Im folgenden Frieden pflegte sie, wenn Friedrich Fremde in Potsdam zu Gast hatte, die Zeremonienmeisterin zu machen. Jedoch kränkelte sie ab 1777.

Amalie hatte sich das Schicksal ihres Geliebten Trenck und die Trennung von ihm so zu Herzen genommen, daß sie Gift nahm, wovon ihr ein Auge auslief und sie lahm wurde.

Wenige Monate nach ihrem Bruder starb sie am 30.3.1787, 64 Jahre alt.

Elisabeth Mara (geb. Schmeling)

1749-1833

Der Roman „Die Prima Donna Friedrich des Großen" erzählt ihre Geschichte, den Weg der ersten deutschen Sängerin am Hofe des frankophilen Preußen-Königs Friedrich II.

Gertrud Elisabeth Schmeling wurde am 23. 2. 1749 in Kassel als Tochter eines Musikers geboren. Schon als Fünfjährige auffallend begabt, spielte sie leidenschaftlich Violine, der Vater lehrte sie zunächst dieses Instrument und tourte mit dem musikalischen Wunderkind ab 1755 durch Frankfurt/Main und Wien. Als Elisabeth zehn Jahre alt war, gab sie in London Konzerte, wo ihr Gesangstalent entdeckt wurde. Ihre Ausbildung als Sopranistin wurde einem guten Lehrer anvertraut, jedoch aus finanziellen Gründen früh abgebrochen.

1765 kehrten Vater und Tochter zurück nach Kassel, in der Hoffnung, sie an der Hofoper unterzubringen. Doch daraus wurde nichts. Ein Jahr später allerdings wurde die talentierte Sängerin gemeinsam mit bereits bekannten Sängerinnen in Leipzig engagiert. Anerkennung fand sie nun auch in Preußen, wo Kunst und Musiktheater populär wurden.

Der Komponist Frantisek Benda, in Leipzig auf sie aufmerksam geworden, lud sie in sein Potsdamer Haus ein. Er führte sie in ein Kammerkonzert am Potsdamer Hof und ließ sie dem König vorsingen, obwohl dieser ausschließlich das Französische liebte, nicht das Deutsche. Der Roman über die Primadonna erzählt von der Begegnung des überraschten Friedrich mit Vater und Tochter:

Sie ist als Violinistin öffentlich aufgetreten?

Schon als Kind von acht Jahren, versicherte der Vater.

Und wie kam es, daß seine Tochter zum Gesang überging?

Die Königin von England hat mich nach einem Konzert am Hofe wissen lassen, daß sie Gertrud nicht länger hören könne. Frauen und Mädchen mit der Violine im Arm seien ein unziemlicher Anblick.

Gertrud Elisabeth Schmeling war in den Jahren 1771 bis 1780 als Erste Kammersängerin engagiert. Der Vertrag sicherte ihr 3.000 Taler Gage auf Lebenszeit, damals eine beachtliche Summe. Als königliche Sängerin trat sie nicht nur in Berlin auf, sondern ebenso bei Hofkonzerten auf den Potsdamer Bühnen im Theater des Stadtschlosses und des Neuen Palais. Zwei Jahre später heiratete sie gegen den Willen des Königs den leichtlebigen Violoncellisten Johann Mara (1744-1808). Jener verspielte nicht nur oft das Geld seiner Frau, er stachelte sie auch zu überhöhten Gagen- und Auftrittsforderungen gegenüber dem König an. Zweimal entfloh die berühmte Madame Mara aus Berlin, weil der König ihr weder die Badereise nach Teplitz, noch eine Gastreise nach London erlauben wollte. 1776 wies Friedrich II. seinen Schauspieldirektor Baron Arnim an, der Mara, die Wünsche geäußert hatte, bestimmte Arien zu singen und diese schriftlich ihrem König mitgeteilt hatte, zu bedeuten, sie werde bezahlt um zu singen und nicht um zu schreiben, sie solle die Arien singen, die Er verlange und nicht widerspenstig sein.

Der Cellist Mara war einmal eingesperrt und wurde nur auf dringlichste Bitten seiner Frau freigelassen. Aus Furcht vor weiteren unangenehmen Konsequenzen flohen sie zunächst nach Sachsen, schließlich nach Paris.

Von 1784 bis 1802 lebte die Mara, wie das Publikum sie nannte, meist in London. Sie sang auf den großen Händelfesten in Westminster Abbey und widmete sich vorwiegend dem Konzertgesang, trat aber auch in der Oper auf.

1799 ließ sie sich von ihrem verschwenderischen Gatten scheiden. Als ihre Stimme um 1805 an Kraft verlor, lebte die Sängerin in Moskau. Durch einen großen Brand verlor sie ihre gesamte Habe und mußte im Alter von 64 Jahren wieder auf Gastspielreisen gehen, um zu überleben. Gertrud Mara blieb endlich als Gesangslehrerin in Reval, dem heutigen Tallin. Dort starb die einstige Primadonna Friedrich des Großen im Januar 1833 in dürftigen Verhältnissen.

Wilhelmine Enke (Gräfin Lichtenau)

1753 - 1820

Eine erstaunliche Karriere, denn aus einfachen Verhältnissen bis zur Gräfin Lichtenau aufgestiegen, hat diese Frau trotz vieler Anfechtungen stets ihren Platz an der Seite Friedrich Wilhelm II. behauptet.

Bereits als Kronprinz hatte der Nachfolger und Neffe Friedrich II. eine Liaison mit ihrer älteren Schwester, die Tänzerin am Berliner Theater war. In deren Haus lernte Friedrich Wilhelm die damals zehnjährige Wilhemine Enke kennen.

Geboren wurde sie am 19. 12. 1753 in Dessau. Später zog die Familie nach Potsdam, wo der Vater als Waldhornist in die friderizianische Hofkapelle aufgenommen worden war. Sie lebten in der Schloßstraße 9, direkt hinter der Residenz des Prinzen von Preußen. Auf Empfehlung und aus eigener Neigung kümmerte er sich um die Ausbildung der heranwachsenden Wilhelmine Enke. Sie erhielt eine Gouvernante aus der Französischen Kolonie von Potsdam. Der Prinz las mit ihr Homer und Vergil, Geschichtsbücher und Memoiren, Voltaire, Rousseau und Shakespeare. Sie erwarb Sprach-Fertigkeiten, Kenntnisse der Malerei, Dichtkunst und Musik. Auch in die Naturwissenschaften wurde sie eingeführt. Ein halbjähriger Paris-Aufenthalt vervollständigte den Unterricht, der weit über die weibliche Bildung auch der höheren Stände ihrer Zeit hinausging. Im Umgang mit Architekten, Bildhauern, Malern und Kunstgelehrten erweiterte Wilhelmine ihr Wissen und bildete ihren Geschmack. Weil sie nach Herkunft und Erziehung nicht ins höfische Milieu paßte, wurde sie förmlich zur Mätresse erzogen.

Nach seiner Heirat führte Kronprinz Friedrich Wilhelm das Verhältnis mit Wilhelmine Enke weiter, aus dem fünf Kinder entstammten, von denen drei früh starben.

Diese Beziehung versuchte sein Onkel Friedrich II. zu unterbinden. Er schenkte Wilhelmine 20.000 Taler und eine jährliche Apanage, damit sie sich fern von Berlin und seinem Neffen hielte. 1782 verheiratete Friedrich Wilhelm sie mit dem Geheimkämmerer Ritz. Diese Scheinehe löste er als Thronfolger und immer noch Liebhaber von Wilhelmine, 1786 nach dem Tode des Alten Fritz wieder.

Nach einigen Unstimmigkeiten und mehreren kurzzeitigen Konkurrentinnen gewann Wilhemine Anfang der neunziger Jahre erneut Einfluß auf den Geliebten und das Leben am preußischen Hof. Sie unterhielt 1793/94 beispielsweise ein Büro für Schlösser und Gärten, das Schlößchen auf der Pfaueninsel wurde ihr Werk. Sie entschied, daß es die Form einer römischen Kastellruine erhielt. Ihre italienische Bildungsreise 1795/96 wurde zu einem gesellschaftlichen Triumph. Als sie keinen Zutritt zum neapolitanischen Hof erhielt, erhob der Preußenkönig unter Rückdatierung am 28. April 1796 seine Geliebte zur Gräfin Lichtenau. Aus den Italien-Reiseberichten läßt sich auf ihr universales Urteilsvermögen schließen. Sie gewann den in Rom lebenden Archäologen Alois Hirt als Reiseführer und konnte ihn anschließend zum Eintritt in preußische Dienste bewegen. Für ihren König kaufte sie Landschaftsbilder, brachte Kunstliteratur, Kupferstichbände und sieben der begehrten Korkmodelle antiker Bauwerke von Antonio Chichi mit nach Preußen. Das einzige originale erhaltene Korkmodell ist im 1997 wieder eröffneten Marmorpalais im Neuen Garten zu sehen, das Architekturmodell vom Triumphbogen des Septimus Severus in Rom. Zwei weitere Korkmodelle sind Nachbildungen.

So verwundert es nicht, wenn die für den Hof tätigen Künstler ihren Rat suchten. In den Bauakten vom Neuen Garten und der Pfaueninsel gibt es unzählige Hinweise dafür, daß die dort tätigen Baumeister und Kunsthandwerker in ihr eine ehrgeizige und sachverständige Auftraggeberin sahen. Das gilt auch für ihr Palais in der Behlertstraße 31, am Anfang der Berliner Vorstadt, in dem sie nie gelebt hat. Der frühklassizistische Bau entstand in den Jahren 1796-98 nach Plänen von Michael Philipp Boumann und gilt als einer der schönsten Beispiele dieser Architekturrichtung Deutschlands. Das Palais Lichtenau grenzt an Potsdams Neuen Garten mit dem idyllischen Heiligen See.

Beim Tode des an Wassersucht leidenden Friedrich Wilhelm II. am 16.11.1797, ließ sein Sohn und Nachfolger sie sofort verhaften. Man glaubte allgemein, daß sie ihren Geliebten bestohlen und sich unmäßig bereichert habe. Ihr Vermögen wurde weitgehend eingezogen, das noch nicht fertiggestellte Palais beschlagnahmt. Ihr konnte nichts Straffälliges nachgewiesen werden. Trotzdem mußte sie zwei Jahre in der Festung Glogau ausharren und erhielt erst 1811 einen Teil ihres Vermögens zurück.

Wihelmine Enke starb am 9. 6. 1820 in ihrer Berliner Wohnung in der Friedrichstraße 103.

Henriette Rahel Baranius

1768 - 1853

Ihr verdankt die Berliner Vorstadt Potsdams eines ihrer architektonischen Kleinode. Für Henriette Rahel Baranius wurde Ende des 18. Jahrhunderts die frühklassizistische Villa in der heutigen Berliner Straße 136 erbaut.

Die Baranius war eine gefeierte Sängerin und Schauspielerin am Berliner Nationaltheater, das sommers auch in Potsdam gastierte. Dort war erst am 7. Oktober 1795 das neue Stadttheater am Kanal „zum Vergnügen der Einwohner" eröffnet worden. So stand es weithin sichtbar über dem Theater-Portal. Die Aufführungen von Mozarts „Zauberflöte" Mitte November desselben Jahres, in denen Henriette die Partie der Papagena sang, galten als besondere Höhepunkte.

Vier Jahre später wurde sie die Frau des Geheimen Kämmerers Johann Friedrich Ritz (1755-1809), der in zweiter Ehe endlich die selbsterwählte Frau heiraten konnte. Vorher führte er bis zum Tod (1797) von Friedrich Wilhelm II. eine befohlene Scheinehe mit Wilhelmine Enke, der langjährigen Geliebten seines Königs. Auch die schöne Baranius soll ein Verhältnis mit dem König gehabt haben, der nicht die Kunst allein, noch viel mehr deren Repräsentantinnen liebte.

Das Grundstück für ihre Potsdamer Villa hatte Henriette bereits in den neunziger Jahren vom Gärtner Johann Heinrich Ritz, dem Vater ihres künftigen Ehemannes, gekauft. Gebaut wurde nach Entwürfen von Michael Philipp Boumann (1747-1803) unter Leitung von Johann Gottlob David Brendel. Hofzimmermeister Brendel stand in besonderer Gunst bei Ritz. Er orientierte sich am frühklassizistischen Stil, den Friedrich Wilhelm II. und seine künstlerische Beraterin Gräfin Lichtenau kurz vor der Jahrhundertwende bevorzugten.

Offenbar ist eine enge architektonische Verbindung mit der benachbarten Orangerie im Neuen Garten, die 1791 nach Langhans-Entwürfen erbaut wurde. An beiden Gebäuden findet sich die kassettierte Nischenwölbung (Konche) über dem-Eingang, gleichfalls die Halbrundnische beiderseits der Tür. Der frühklassizistische Geist belebte auch das Innere der Villa. Das mit Stuckmarmor ausgekleidete Damenzimmer erhielt vier halbrunde Nischen, nachempfunden dem ovalen Kabinett im beinahe benachbarten Palais Lichtenau. Villa und Grundstück in der zur Glienicker Brücke führenden Berliner Straße gehörten ab 1822 dem Kaufmann Hildebrandt.

Königin Luise

1776-1810

„Die Fürsten verderben sich meist ihre Vergnügungen durch unerträglichen Zwang und durch Ideen von Großartigkeit, welche sehr oft nur ihre Kleinheit bemerkbar machen." Das schrieb Luise im Alter von zwanzig Jahren an ihre ehemalige Erzieherin.

Am 10. 3. wurde sie als Prinzessin Luise von Mecklenburg Strelitz in Hannover geboren und wuchs in Darmstadt auf. Die Heirat mit Friedrich Wilhelm, Prinz von Preußen, 1793 beruhte, im Gegensatz zu den damals üblicherweise aus Staatsraison getroffenen Verbindungen, auf gegenseitiger Zuneigung. Unbeschwert und weltgewandt litt Luise unter der höfischen Etikette des Berliner Kronprinzenpalais. Die erste Schwangerschaft 1794 wurde zum Anlaß genommen, in das stille Potsdam mit seinen Gärten und Seen überzusiedeln. Im Stadtschloß entwickelte Luise dann die notwendige Fähigkeit, sich äußerlich unterzuordnen, in kleinen Dingen nachzugeben, um bedeutsame Angelegenheiten um so sicherer durchzusetzen.

1795 wurde ein Anwesen in Paretz gekauft, um von Oberbaurat David Gilly ein Landhaus für den Sommer errichten zu lassen. Besonders zu den Erntefesten wurden ringsum in den folgenden Sommern die Dörfer besucht, was die Beliebtheit der Königin im Volk begründete. Nachdem sie ihre Erfüllung anfangs in ihrer Aufgabe als Gemahlin und Mutter sah, mischte sie sich bald aktiv in die Politik Preußens ein. Sie schätzte und förderte Hardenberg, Scharnhorst, Wilhelm von Humboldt und Hufeland. Luises Briefwechsel mit Zar Alexander von Rußland, den sie schwärmerisch verehrte, ist in Fragmenten noch heute nachzulesen. Mit Marie von Kleist, einer nahen Verwandten des Dichters, führte sie Gespräche über Religion und Philosophie. Besonders eng wurde ihre Beziehung zu Karoline von Berg, die sie schließlich zu ihrer Hofdame machte. Karoline von Berg, 1759 geboren, war die Tochter eines preußischen Diplomaten und galt als eine der gelehrtesten Frauen ihrer Zeit. Sie lehrte Luise das Bildungsgut der deutschen Klassik, der Literatur, Ethik und Moral. Napoleon erkannte während der Verhandlungen zum Tilsiter Frieden 1807 schnell, daß sie das politische Handwerk wesentlich besser als der preußische König verstand. Er fürchtete Augenblicke eigener Schwäche, die ihn Zugeständnisse machen ließen. Luise hatte einen wutschnaubenden bösartigen Tyrannen zu sehen erwartet, der sie verhöhnen und demütigen würde, einen Emporkömmling. Statt dessen begriff auch sie sofort, daß sie einem außergewöhnlich genialen Menschen gegenüberstand. Ihre Verhandlungen mit ihm begann sie mit den Worten: *„Wir haben einen unglücklichen Krieg geführt, Sie sind der Sieger, aber soll ich annehmen, daß Sie Ihren Sieg mißbrauchen wollen?"* In seinem Tagebuch gestand Napoleon später ein, daß Luise die Führung des Gesprächs an sich riß und es ihm immer schwerer fiel, sich ihren Bitten und Argumenten zu verschließen. Der französische Außenminister Talleyrand bemerkte Napoleons Stimmung und mahnte: „Sire, wollen Sie um ein paar schöner Augen willen Ihre größte Eroberung aufs Spiel setzen?"

Mit Mißtrauen beobachtete der König die intellektuelle Entwicklung seiner Ehefrau. Er galt als bildungsfeindlich und wollte diese Tatsache auf die ganze Familie ausgedehnt wissen. Preußischer Tugend zuwider arbeitete Luise lieber bis spät in die Nacht und liebte besonders im Winter den langen Schlaf in den Vormittag. Sie begann neben Friedrich Wilhelm III. ein geistiges Eigenleben zu führen und kannte die zeitgenössische Literatur: Wieland und Goethe, Schiller und Jean Paul, Herder, Kant und Pestalozzi.

Am 19. 7. 1810 starb Preußens Königin auf Schloß Hohenzieritz in Mecklenburg. Es war ein Gemisch aus Trauer, Fassungslosigkeit und Entsetzen, das sich im Juli 1810 zeigte. Noch nie war eine Fürstin so aufrichtig betrauert worden. Sie ist 34 Jahre alt geworden und hat zehn Kinder geboren, von denen drei früh starben. Der Trauerzug erreichte am 27. Juli Berlin. An den darauffolgenden drei Tagen zogen tausende Berliner an der aufgebahrten Toten vorbei. Sie wurde im Mausoleum im Chalottenburger Schloßpark beigesetzt; Daniel Christian Rauch schuf das Grabmal.

Ihre nach außen hin schlichte Lebensführung und ihre nationalbewußte Haltung ließen sie zur Legende werden.

Luise wurde zum Ideal der Romantiker.

Das 19. Jahrhundert

Eleonore Prochaska
Karoline Schulze
Auguste Fürstin von Liegnitz
Gabriele von Bülow
Charlotte Stieglitz
Augusta
Clara Hoffbauer
Maria Mechthilde Magnus
Marie Hannemann
Thusnelda von Saldern
Victoria
Hedwig Heyl
Marie Heinze
Auguste Victoria
Käthe Pietschker
Johanna Just
Dorothee Goebeler
Bianca Becker-Samolewska

Eleonore Prochaska

1785 - 1813

Eine junge Frau aus Potsdam verläßt heimlich ihre Vaterstadt, tauscht ihre Habe gegen Büchse, Hirschfänger und Czako, zieht als Jäger des Lützowschen Freikorps in den Krieg, wird verwundet und stirbt kurze Zeit später an den Folgen der Verletzung.

Als „August Renz" trat Eleonore Prochaska 1813 dem Lützowschen Freikorps als Jäger bei, um gegen Napoleon zu kämpfen. Die schlanke Gestalt in der schwarzen Uniform der Lützower ließ keinen Verdacht von Weiblichkeit aufkommen. Gern teilte ein 15jähriger Freischärler mit dem Kameraden August das Quartier. „Er" konnte genauso gut schießen wie kochen. Genoß, wohlgesittet, bescheiden und dienstfertig, die Freundschaft und Achtung von Kameraden sowie Vorgesetzten.

Marie Christiana Eleonore Prochaska wurde am 11.3. 1785 als zweites Kind eines Unteroffiziers im 2. Garde-Bataillon in Postdam geboren.

Die kränkliche Mutter war unfähig ihre vier Kinder zu versorgen und zu erziehen und starb früh. Die Kinder kamen ins Große Militärwaisenhaus von Potsdam, wenn der Vater in den Krieg zog. Eleonore kam schon mit vier Jahren erstmals in das Häuserkarree zwischen Breiter Straße, Dortu-, Linden- und Spornstraße, wo sie wahrscheinlich jenen Gemeinsinn kennenlernte, zu dem selbstlose Pflichttreue und Vaterlandsliebe zählen.

Als der Vater 1797 heimkehrte, kam sie wieder nach Hause zurück, führte ihm den Haushalt und wie andere junge Frauen auch, trat sie später in fremde Dienste als Köchin. 1810 kam sie ins Haus des Sohnes des berühmten Oberbauinspektors Heinrich Ludwig Manger in der Brauerstraße 8, heute Berliner Straße nahe der Ecke Behlertstraße.

Nicht überliefert ist, wie ihr Entschluß reifte, als preußischer Soldat aufs Schlachtfeld zu ziehen. Ein Brief aber, den sie nach ihrem Aufbruch an den Bruder schrieb, gibt Auskunft über ihre Motivation: „*Seit vier Wochen bin ich Soldat. Erstaune nicht, aber schelte auch nicht. Du weißt, daß der Entschluß schon zu Anfang des Jahres reifte. Ich war im Innern überzeugt, keine schlechte oder unsinnige Tat zu begehen, denn sieh nur: Spanien und Tyrol, wie da die Weiber handelten..."*

Beschrieben und überliefert ist außerdem eines der größeren Gefechte der Lützower am 16. September 1813. Eine Höhe bei Göhrde, auf der Franzosen mit ihrer Haubitze im Geviert standen, war einzunehmen. Eleonore hatte einem gefallenen französischem Tambour die Trommel abgenommen und schlug sie den Kameraden. Sie trommelte Lützows wilde verwegene Jagd. Ein Schuß traf in den linken Oberschenkel. Erst jetzt enthüllte sich ihr weibliches Geheimnis. Sie erholte sich nicht von der Verletzung und starb am 5. 10. des Jahres in Dannenberg. Zwei Tage später wurde sie mit militärischen Ehren beigesetzt.

Erst 1889 wurde auf private Initiative und Sammlung von Spenden der Heldenfrau ein Denkmal. Es steht auf dem Alten Friedhof Potsdam in der Heinrich-Mann-Allee.

Erinnern sollte es auch an andere Frauen, die in den Befreiungskrieg gegen Napoleon zogen. So an die Potsdamerin Johanna Lührmann, die allerdings die Kämpfe überlebte und später ein weniger glückliches und beachtetes Leben führte.

Karoline Schulze

1794-1881

Karoline Schulze war die erste Frau, die sich der Geschichtsschreibung Potsdams annahm. Aufgewachsen im Park von Sanssouci, dessen kunstvolle Arrangements damaliger Gartenarchitektur uns auch noch heute anziehen, hat sich Karoline Schulze stets dieser Landschaft verbunden gefühlt. Als eines von sechs Kindern des Potsdamer Gartenbaudirektors Johann Gottlieb Schulze am 7. 12. 1794 im östlichen Gärtnerhaus in Sanssouci geboren, half sie im Gartenbüro ihres Vaters, wo sie Peter Joseph Lenné kennenlernte, der dort 1816 eine Gesellenstelle als Hofgärtner annahm.

Schulze förderte den jungen ehrgeizigen Gartenspezialisten als seinen Nachfolger im Amt. Er wollte Lenné auch als Ehemann für seine Tochter Karoline. Doch jener heiratete 1820 die hübsche Friederike, Tochter des Hofgärtners Voss, und avancierte schon 1824 zum Gartendirektor, obwohl Schulze noch Chef der Potsdamer Gartendirektion war. Johann Gottlieb Schulze schied später ohne Versöhnung mit dem jungen Widersacher aus dem Amt. Karoline verwand beides schwer. Sie blieb umso mehr der Arbeit ihres Vaters treu und damit dem Sanssouci des 18. Jahrhunderts verhaftet, das sie gegen alle Lenné'schen Umgestaltungen im folgenden Jahrhundert verteidigte. Eigenständige historische Arbeit hatte sie damals schon interessiert und konnte sie nun ausdehnen.

In den folgenden Jahren arbeitete sie das Aktenerbe durch, fertigte Abschriften oder Auszüge an. Sie schrieb immer neue Konzepte für eine große Dokumentation zur Geschichte der Königsgärten von Potsdam, die leider nie zustandekam.

Zurückgreifen konnte sie auf das umfangreiche Familien- und Gartenarchiv ihres Vaters, sowie das Archiv ihres Großvaters, des Baumeisters Manger. Ferner standen ihr die Arbeitsunterlagen des 1786 gestorbenen Stadtschulrektors und Historikers Samuel Gerlach zur Verfügung, der an einem Heimatbuch gearbeitet hatte. Veröffentlichen konnte sie diese Arbeiten

Jahrzehnte nicht, erst mit der Gründung des Vereins für die Geschichte Potsdams 1862 kam eine Möglichkeit in Sicht. Fräulein Karoline Schulze war zwar anwesend, durfte als Frau aber nicht zu den Vortragsabenden des Herrenclubs. Sie galt als erste Frau im Verein, konnte aber allein Manuskripte vortragen und diese teilweise in den Vereins-Mitteilungen drucken lassen. Da ihre „Handschrift" oft kritisch ausfiel, wurden letztlich nur vier Aufsätze veröffentlicht, die heute noch in der Stadt- und Landesbibliothek Potsdam nachlesbar sind.

Noch mit 83 Jahren schrieb sie ein Gesuch an den Magistrat, man möge bitte eine neue Straße in der Berliner Vorstadt nach Heinrich Ludwig Manger benennen, um die Erinnerung an den Baumeister und Verfasser der dreibändigen „Potsdamer Baugeschichte" zu bewahren. Bis heute kann man am Heiligen See durch die Mangerstraße spazieren, benannt nach Karolines Großvater.

Gestorben ist sie am 3.11. 1881 und begraben auf dem Bornstedter Kirchhof. Ihre Grabstätte ist nicht mehr auffindbar, deshalb erinnert in der Kirche seit 1994 eine Steintafel an die Heimatforscherin. Zum 200. Geburtstag erhielt Karoline Schulze „ihre" Straße. Im neu erbauten Kirchsteigfeld im Südosten Potsdams übernahmen Frauen das Straßenregime.

Auguste Fürstin von Liegnitz

1800-1873

Als Nachfolgerin von Königin Luise, der vielleicht beliebtesten preußischen Königin, hatte es diese Frau nicht leicht, am Hofe anerkannt zu werden. In einer Epoche der Restauration und biedermeierlicher Moralvorstellung war Fürstin Liegnitz, nach dem Tod Luises1810, die zweite Gemahlin Friedrich Wilhelm III..

Am 30. 8. 1800 in Dresden geboren als Tochter der protestantischen Freiin Christiane von Rayski und des Grafen Ferdinand von Harrach, der unter anderem Inhaber einer Spielbank war, woher ein angespanntes Verhältnis zum Rest der gräflichen Familie von Harrach rührte.

Der König lernte Auguste Gräfin Harrach 1823 während eines Kuraufenthaltes in Bad Teplitz kennen. Ein Jahr später heiratete der 53jährige König sie im Schloß Charlottenburg. Aufgrund ihrer Unebenbürtigkeit nach den Hohenzollernschen Hausgesetzen erfolgte die Trauung morganatisch. Das bedeutete beispielsweise, daß die Kinder aus einer so geschlossenen Ehe von der Erbfolge ausgeschlossen waren, die Ehefrau allen übrigen Mitgliedern der Familie bei Hof den Vortritt zu lassen hatte und von bestimmten offiziellen Feierlichkeiten ausgeschlossen war.

Die Ehe blieb allerdings kinderlos. Friedrich Wilhelm wünschte ein Vater-Tochter-Verhältnis, womit Auguste einverstanden war. Sie widmete sich mit Anteilnahme den Kindern der Verwandtschaft. Bei Hofe wurde sie von Anfang an boykottiert. Ein großer Teil der Damen weigerte sich, ihr vorgestellt zu werden. Auch die Kinder aus der Ehe mit Luise hatte sie gegen sich, die sich mit der Wiederverheiratung ihres Vaters nur äußerlich abfanden. Angeführt wurde die Front von Prinzessin Charlotte, der späteren Zarin Alexandra, die ihr äußerst launenhaft entgegentrat. Dagegen wurde die spätere Königin Augusta ihre Freundin.

An den offiziellen Trauerfeierlichkeiten für ihren Gemahl 1840 durfte sie nicht teilnehmen. Nur der Kronprinz und spätere Friedrich Wilhelm IV. war ihr zugetan. Um ihr das Leben bei Hofe zu erleichtern, setzte er durch, daß sie zur Fürstin Liegnitz erhoben wurde und ließ ferner 1841 die Villa Liegnitz im Park von Sanssouci für sie von dem Architekten A. D. Schadow erbauen.

Ihr Engagement für wohltätige Zwecke ging über den üblichen Rahmen hinaus. Über ihre Kammerfrau verschaffte sie sich ein Bild von der Not der Armen, schickte sie nach Berlin in die engsten Straßen, wobei die Armut vor den Toren der Stadt noch auffälliger war. Da eine allgemeine Hilfe für Kranke und Arme erst im Verlaufe der späteren sozialen Entwicklung nach 1871 eingeführt wurde, konnte, wie allgemein bekannt, nur durch die Wohltätigkeit verschiedener Institutionen und wohlhabender Einzelpersonen die drückendste Not gelindert werden.

Die besondere Fürsorge der kinderlosen Fürstin galt den Einrichtungen für Waisen und kranke Kinder. Bis zu ihrem Tod am 5. 6. 1873 lebte sie vorwiegend in ihrem Potsdamer Haus, zwischenzeitlich in Berlin und am Genfer See. Ihr Grab befindet sich im Mausoleum des Charlottenburger Schlosses.

Gabriele von Bülow

1802-1887

Ihre Neigungen und Interessen müssen vielfältig gewesen sein, denn als Tochter des Naturwissenschaftlers Wilhelm von Humboldt und Karoline von Dacheröde in Rom geboren und aufgewachsen, als Frau des Gesandten Heinrich von Bülow in Berlin und London lebend, war sie eine Frau der Gesellschaft, die später selbst das öffentliche Leben der Stadt Potsdam mitprägte. Nachdem sie für kurze Zeit in Mecklenburg das Gut ihres Vaters übernommen hatte, übersiedelte sie 1846 nach dem Tod ihres Mannes und der Wiederverheiratung mit Leopold v. Loen nach Potsdam in die Wohnung am Kanal 16 (heute steht dort die Hauptpost) und empfing dort regelmäßig einen intimen Kreis, obwohl sie die Geselligkeit weniger liebte, als sie es von ihrer Mutter aus Rom und Paris gewöhnt war. Im Zirkel der sie umgebenen Männer war auch Karl Friedrich Schinkel, der trotz Differenzen anerkennend von ihr sprach. Die Naturfreundin Gabriele von Bülow setzte beispielsweise gegen seinen Willen den Erhalt einiger Bäume und einer Hecke beim Umbau des Humboldt-Schlosses 1820 in Tegel durch. Schinkel sah darin eine erhebliche Beeinträchtigung der Schloßfassade.

Die Beschäftigung mit politischen und religiösen Fragen schlug sich in ihren Briefen und Tagebuchnotizen nieder, die in Buchform erhalten sind („Gabriele von Bülow - Ein Lebensbild"). Besonders intensiv war ihre Korrespondenz mit dem Onkel Alexander von Humboldt, der ein Zimmer im Potsdamer Stadtschloß bewohnte, wenn er nicht auf Reisen war. Im April 1835 schrieb sie über ihn ins Tagebuch: *„Alexander glaubt nun, daß wir selbst nach dem Tode nicht mehr von der ewigen Weltordnung erfahren werden, ich aber glaube, daß der Geist doch das Höchste ist und nicht untergehen kann."*

Interessiert, aber auch beunruhigt verfolgte sie die Revolution von 1848, in der doch der Mann Augustas, Prinz Wilhelm, so unrühmlich verstrickt war. Beide Frauen hat sicher die gemeinsame Abneigung gegen das so starre, formale und unpersönliche Preußische vereint.

Der Kronprinzessin stellte sie ihr Haus zur Verfügung, wenn diese sich mit Persönlichkeiten traf, die sie öffentlich nicht empfangen durfte.

Aus ihrer Ehe mit Heinrich von Bühlow waren fünf Kinder hervorgegangen. 1861 nahm sie auf Bitten der Königin Augusta die Stelle der Oberhofmeisterin an.

Charlotte Stieglitz

1806-1834

Heinrich Heine verliebte sich in sie, als er in Potsdam am dritten Teil seiner Reisebilder arbeitete. Er wohnte zwei Häuser von Charlotte Stieglitz entfernt in der heutigen Friedrich-Ebert-Straße 121 (Gedenktafel) und unternahm häufig Spaziergänge zum Neuen Garten mit dem Ehepaar Stieglitz. Nach ihrem spektakulären Selbstmord, der in Potsdam und Berlin großes Aufsehen erregte, veröffentlichte Theodor Mundt ihre Briefe, Bemerkungen und Tagebuchauszüge unter dem Titel „Charlotte Stieglitz - Ein Denkmal".

Seit 1832 stand sie mit dem in Potsdam geborenen Mundt, der zum Jungdeutschen Kreis gehörte, in freundschaftlicher Verbindung. Er war Redakteur der frauenemanzipatorisch orientierten „Blätter für literarische Unterhaltung" und des Konversationslexikons von Brockhaus und wechselte mit Charlotte Stieglitz viele Briefe. Er besuchte sie auch, als die Stadt wegen der Cholerагefahr ihre Grenzen geschlossen hatte, und er nur auf Umwegen hineinkam.

Das „junge Deutschland", jene kurz aufflackernde und bald wieder verlöschende vormärzliche Literaturbewegung, wies außer Heine und Börne nur wenige große Talente auf. Unter ihnen der politisch engagierte Schriftsteller Karl Gutzkow, dessen Roman „Wally, die Zweiflerin" 1835 erschien. Dieser Schlüsselroman war durch den tragischen Freitod von Charlotte Stieglitz entstanden. Der Roman löste einen Skandal aus, da Gutzkow religiöse Fragen und eine freizügige erotische Szene untergebracht hatte. Der Norddeutsche Bundestag begnügte sich nicht mit einem Verbot Gutzkows sämtlicher Werke, sondern ließ ihn zeitweilig inhaftieren. Alle Intellektuellen der Vormärzbewegung litten darunter, daß die politische Publizistik von der Zensur unterdrückt wurde und wichen auf vermeintlich unverdächtige literarische Gattungen aus.

Mit dem Selbstmord wollte Charlotte Stieglitz ihrem geliebten und als Dichter maßlos überschätzten Gatten Heinrich Stieglitz, der anhaltend unter Selbstzweifeln litt, eine Erschütterung zufügen, die ihn zu einem unsterblichen Werk befähigen sollte. In einem Atemzug wird sie in ihrer Zeit mit der Vorkämpferin der Frauenbewegung Rahel Varnhagen und der Schriftstellerin Bettina von Arnim genannt - als Frau der Tat . Ihr Selbstmord wurde vielfach analysiert.

Bekannt wurde auch, daß sie kurz vor ihrem Tod Rahel Varnhagens veröffentlichte Briefe gelesen hatte. Karl Gutzkow schrieb:

„Das Motiv war die Liebe. Es war ein Opfer, das die Frau ihrem Manne brachte. Sie wollte seiner Melancholie einen grellen, blutroten und ach! nur zu gewissen Grund geben. Sie wollte ihn von der Lüge befreien. Armer Überlebender. Du bist ein trauriger unglücklicher Rest."

Während der ahnungslose Heinrich Stieglitz im Konzertsaal den Klängen der Eroica lauschte, stieß sie sich den Dolch ins Herz.

Augusta - Königin von Preußen, Kaiserin

1811-1890

Aufgewachsen in Weimar als Tochter der Großfürstin Maria Pawlowna von Rußland und Karl Augusts von Sachsen-Weimar, umgeben von Kunst und Wissenschaft bekam Augusta für ihre Erziehung die besten Lehrer von Johann Wolfgang Goethe, der damals 62 Jahre alt, dem Hof zu Weimar eng verbunden war.

Der spätere Wilhelm I. erhielt das Jawort der siebzehnjährigen Augusta, die klug genug war, die Wunde seiner unglücklichen Liebe zu akzeptieren. Wilhelms große Liebe war die Nichte Friedrich des Großen Elisabeth Radziwill gewesen, die jedoch vor mehreren „Kommissionen" für nicht ebenbürtig erklärt worden war.

Seine Ehe mit Augusta sollte jedoch 59 Jahre halten. Er kritisierte schon kurz nach der Hochzeit 1829 ihren scharfen Verstand. Sie gebe sich den unerwünschten Anstrich einer „femme d'esprit". Und er empfahl ihr, ihre gereiften Geistesgaben in Einklang zu halten mit ihrem Alter und ihrem Geschlecht.

1831 wurde der Sohn, der spätere 99 Tage Kaiser, geboren. Tochter Luise folgte 1838. Als Weimarerin, noch immer im Briefwechsel mit Goethe, hatte sie es schwer, mit Berlin und Potsdam vertraut zu werden. Der preußische Adel schien ihr oft zu ungebildet.

In Potsdam wurde das 1835 fertigestellte Babelsberger Schloß in englisch-gotischen Stil nach ihren Vorstellungen erbaut. Auch auf die Ausgestaltung der Parkanlage nahm sie Einfluß. Die liberale Kaiserin galt als erbitterte Gegnerin Bismarcks. Sie bezeichnete ihn als Typ des reaktionären Junkers. Ihrem Sohn wünschte sie eine frühe Thronbesteigung mit sich selber als Beraterin.

Schon 1840 vertrat sie die Überzeugung, daß man mit zeitgemäßen Reformen einer Revolution vorbeugen solle. Da Wilhelm Militärgouverneur der Westprovinzen wurde, übersiedelte Augusta 1850 mit ihm nach Koblenz. Nach 1848 und während der Jahre in Koblenz befreundete sie sich mit den rheinischen Liberalen Ludolf Camphausen und Abraham Oppenheim. Mit dem geistigen Zentrum der Universität Bonn schuf sie sich ihre eigene Gesellschaft, die in Anlehnung an Weimar bewußt vom Berliner Hofe abgegrenzt war. Immer mehr vom Hofe beiseite gedrängt, an dem man ihr die in den Jahren 1848/49 gezeigte politische Einstellung nicht vergaß, zog Augusta sich ab 1853 auf den Geist von Weimar sowie die französische Kultur und Kunst zurück.

Zusammen mit ihrer Schwiegertochter, der Kronprinzessin und späteren Kaiserin Victoria, versuchte sie wiederholt und zuweilen mit Erfolg, neben Bismarck bzw. über ihn hinweg Innen- und Außenpolitik zu betreiben. Bismarck mußte 1878 um seine Macht fürchten; auf sein Betreiben hin wurde im Oktober das Sozialistengesetz vom Reichstag verabschiedet, das starke Einschränkungen für die linksliberalen Kräfte nach sich zog. Die Partei der Deutsch-Freisinnigen, Gegenministerium oder auch Kronprinzenpartei spöttisch von Bismarck betitelt, verlor dann 1887 die Hälfte ihrer Mandate. Augusta gab den Kampf auf.

Auf den Gebieten der Wohltätigkeit und Krankenpflege ist kein Beispiel bekannt, daß eine hochstehende Frau in so umfassender und zugleich wissenschaftlicher Weise tätig war.

Im Alter litt Augusta an Depressionen. Von ihrem Vorleser Laforge wurde sie als verbittert, hochmütig und launenhaft beschrieben.

Clara Hoffbauer

1830 - 1909

Ihre weithin bekannte Stiftung überdauerte zwei Welt-Kriege, bestand weiter in der DDR und wächst heute noch immer. Clara Hoffbauer entsprach kaum dem fraulichen Ideal ihrer Gesellschaft, sie war welterfahren, selbstbewußt, unabhängig und kinderlos. Nicht zufällig ging sie um die Jahrhundertwende über ihr ursprüngliches Vorhaben hinaus und begründete eine Schule, die Mädchen bis zum Abitur ausbildete, was damals noch unüblich und sonst nur vermögenden Töchtern möglich war.

Die Berlinerin Clara Hoffbauer kam 1868 nach Potsdam, wo ihre Schwester mit ihrem Ehemann lebte. Dem wohlhabenden Ehepaar Hoffbauer gefiel die Stadt wegen der Havellandschaft.

Als Tochter des Berliner Kommerzienrates Ludwig Becker und seiner Frau Emilie am 30. 4. 1830 geboren, wuchs Clara Becker wohlhabend auf. Der mütterlichen Familie gehörte die Tuchhandlung „Koeppen & Schier". Clara war religiös und lebte nach Gottes Wort. Nach selbiger Maxime lebte auch Hermann Hoffbauer, Disponent im elterlichen Geschäft. Im Oktober 1850 heirateten beide in der Berliner St.-Petri-Kirche.

Schon vier Jahre später war Hermann Teilhaber bei „Koeppen & Schier" und der „Protzenschen Tuch- und Teppichhandlung" am Köllnischen Fischmarkt. Mit Claras Bruder Emil und dem Tuchhändler Michael Protzen gründete er eine Teppichfabrik. 1866 erstreckten sich seine Geschäftsbeziehungen von Skandinavien über West- und Südeuropa bis nach Nordafrika.

Die Hoffbauers erstrebten aber nicht allein geschäftlichen Erfolg, sondern sorgten sich auch um ihre Arbeiter. Sie wollten deren soziale Lage verbessern, vor allem in Krankheit und Not. Deshalb führten sie 1873, zehn Jahre vor der allgemeinen Sozialversicherung in Preußen, für ihre Beschäftigten eine Krankenversicherung ein, später eine Invalidenunterstützungskasse. Bereits 1868 hatte das Paar Grundstücke an der Gewehrfabrik in Potsdam gekauft, die direkt an der Havel lagen. Dort ließen sich die Hoffbauers ein vorhandenes Gebäude in eine klassizistische Villa, das

„Havelhaus", umbauen, in die sie 1870 einzogen. Im zweiten Weltkrieg wurde diese zerstört. In der Villa verkehrte eine rege Gesellschaft: Kaufherren und Beamte, Ärzte und Geistliche, Weltreisende, Künstler und Gelehrte aus Berlin und Potsdam.

Als Sammlerin von Stücken aus Italien und Palästina hatte Clara Hoffbauer ein hohes Kunstverständnis entwickelt. Der bedeutendste Kunstbesitz des Havelhauses waren wohl die Hildebrandtschen Aquarelle, die heute nach dem letzten Willen Hoffbauers der Nationalgalerie gehören.

Durch eine lebensgefährliche Erkrankung Hermanns, von der er durch die Pflege von Diakonissen genas, entstand bei den Hoffbauers der Gedanke, ihr Vermögen nach dem Tode in eine Stiftung zu geben, für die Erziehung evangelischer, weiblicher Ganz- oder Halbwaisen aus dem gebildeten Mittelstande. Sie sollte ihren Sitz in Potsdam auf dem angekauften Grundstück haben. Zweimal erweiterte das Paar sein Testament; das zweite Mal 1883 um die Einrichtung eines Krankenhauses. Da war Hermann erneut krank. Er starb am 4. 1. 1884.

Obwohl Clara trauerte, wuchs in ihr der Gedanke, das gemeinsame Testament sofort zu verwirklichen. Als Alleinerbin verfügte sie über fast vier Millionen Mark, dazu kamen Immobilien und die Teilhaberschaft an der Teppichfabrik. Sie arbeitete mit Börsenpapieren und beteiligte sich an sibirischen Bergwerken. In wenigen Jahren verdreifachte sie ihr Millionenvermögen.

Clara lebte sehr sparsam. Für ihre Korrespondenz nahm sie billige karierte Blätter und schrieb auf die Rückseite gebrauchter Papiere. Für die geplante Stiftung suchte sie ein größeres Grundstück. Sie fand es auf der dem Kiez gegenüberliegenden Halbinsel. Die 40 Hektar auf dem Tornow kaufte sie von der Berlin-Potsdam-Magdeburger Eisenbahngesellschaft.

Mitte 1891 begannen die Arbeiten auf dem ausgedehnten Baugrund. Die zwei ersten Ziegelbauten waren das Eschen- und das Tannenhaus, die im zweiten Weltkrieg zerstört wurden. Es folgte das Krankenhaus nach modernsten medizinischen Grundsätzen. Nach der Fertigstellung war es das erste in Deutschland mit elektrischer Instrumentensterilisation. 1901 standen auf der Halbinsel ein Verwaltungsgebäude, ein Krankenhaus mit Isolierhaus, sechs Waisenhäuser, eine Schule mit Turnhalle, ein Maschinenhaus mit Wasserturm, Gutshof, Stallungen, ein Eiskeller, die Friedhofskapelle und das Pförtnerhaus. Am 82. Geburtstag ihres Mannes, dem 30. Juni 1901, eröffnete Clara offiziell die Hoffbauer-Stiftung Potsdam-Hermannswerder, benannt nach seinem Vornamen. Das Stiftungsskapital betrug sechs Millionen Mark, von den jährlichen Zinsen sollte die Stiftung unterhalten und erweitert werden.

Maria Mechthilde Magnus

1830 - 1909

Als Maria Mechthilde Magnus vielbetrauert am 19. 3. 1909 auf dem Neuen Friedhof Potsdams zu Grabe getragen wurde, lagen 47 Jahre harte Arbeit als Oberin des Potsdamer St. Josefs-Krankenhauses hinter ihr.

Die Schwester vom Orden des Heiligen Borromäus, deren Mutterhaus weit weg im französischen Nancy lag, war 1862 mit zwei Borromäerinnen nach Potsdam gekommen, um hier am gerade gegründeten Waisenhaus für arme Kinder der katholischen Pfarrgemeinde St. Peter und Paul zu arbeiten.

Erzpriester Franz Xaver Beyer, damaliger Pfarrer von Potsdam, hatte am 14. Juli 1861 einen Spendenaufruf an seine Gemeinde erlassen, und so mit bescheidenen Mitteln in einem armseligen Gebäude der Potsdamer Gewehrfabrik in der Bauhofstraße das Waisenhaus ins Leben gerufen. Oberin der jungen Stiftung wurde die am 4. 4. 1830 geborene Schwester Mechthilde aus einem kleinen Ort zwischen Koblenz und Mainz. Sie wohnte in der Allee nach Sanssouci 7, als dort ein Krankenhaus dazukam. 1873 beherbergte das neue Krankenhaus die ersten Patienten, drei Jahre später schon folgte ein Erweiterungsbau mit Kapelle, die dem heiligen Josef geweiht wurde.

Mißtrauischer Widerstand der Potsdamer, die wenig Vertrauen in die Arbeit der katholischen Schwestern hatten, begleiteten die ersten harten Jahre. Doch die in der Krankenpflege gut ausgebildeten Schwestern, Ende der achtziger Jahre waren es schon 25, überzeugten viele Zweifler, denn gepflegt wurde jeder ohne Ansehen der Religion. Was als Waisenhaus im Gebäude der Gewehrfabrik begonnen hatte, war und ist heute das St. Josefs-Krankenhaus am Grünen Gitter, dem Haupteingang von Sanssouci. Am Fest des heiligen Josef, dem 19. 3. 1909, starb die Mitbegründerin und langjährige Oberin des Potsdamer St. Josefs-Krankenhauses Mechthilde Magnus.

Marie Hannemann

1839-1920

Die beiden Töchter des Potsdamer Victualien-Händlers Hannemann hatten 1903 das Grundstück Eisenhartstraße 15/16 geerbt. Nach dem Tod der Schwester war Marie Hannemann 1907 die Alleinerbin. In ihrem Testament wiederum setzte die geborene Potsdamerin Marie Hannemann die Stadt als Erbin ein.

Sie gab ihr gesamtes Vermögen von 200.000 Mark in die „Geschwister-Hannemann-Stiftung", aus deren Einkünften *„arme fleißige Kinder aller Konfessionen, die die Volksschule besuchten, mit Kleidung versehen wurden. In Krankheits- und anderen Notfällen sollten sie unterstützt werden, auch beim Ergreifen eines Handwerks oder sonstigen bürgerlichen Berufes, eventuell als selbständige Handwerksmeister".*

Die Auswahl der Kinder sollte der Vorstand der „Geschwister-Hannemann-Stiftung" treffen, bestehend aus dem ersten Bürgermeister und einen vom Magistrat zu wählenden in Potsdam wohnenden Gärtnereibesitzer. Die Stadtverordneten-Versammlung sollte ausgeschaltet sein. Die hinterlassenen Möbel bekam das Städtische Museum, dessen Inhalt in den zwanziger Jahren im Haus der Loge Teutonia in der Kurfürstenstraße einer Ausstellung harrte.

Aus Haus und Garten in der Eisenhartstraße unweit vom Neuen Garten bestellte die Stadt im Herbst 1925 ein Erbbaurecht auf 60 Jahre für den evangelischen Emmaus-Verein e.V.. In dem von der Inneren Mission übernommenen Altersheim werden noch heute alte Menschen betreut.

Marie Hannemann gehörte als Wohltäterin der Stadt zu jenen Frauen, die sich stets im Hintergrund hielten.

In ihrem großen Obstgarten lagen Grabsteine. Sie entstammten dem nahegelegenen Friedhof, der in den 1860er Jahren aufgelöst worden war, so hielten Fremde den Hannemannschen Garten in der Eisenhartstraße irrtümlich für einen romantischen Friedhof. Außer diesem seltsamen Schmuck hatte Marie an einer Laube zwei Kugelkorallen, die ein

Weltreisender ihr geschenkt hatte, angebracht. So wirkte dieser Garten immer verwunschen und geheimnisvoll. Nur wenige Bekannte hatten Zutritt zu der stets im Garten arbeitenden Alten.

Im Alter von 81 Jahren starb Marie Hannemann am 8. 9. 1920. Das Hannemannsche Erbbegräbnis befand sich auf dem Alten Friedhof.

1995 wurde im Potsdamer Stadtteil Kirchsteigfeld eine Straße nach ihr benannt.

Thusnelda von Saldern

1837-1910

Thusnelda von Saldern wurde 1878 vom Zentralvorstand des Oberlinhauses als 1. Diakonisse und Oberin des Oberlinhauses in Nowawes bei Potsdam berufen.

Bereits 1874 waren in der Weberkolonie Nowawes einige Räume gemietet worden, in denen ein knappes Dutzend Schwestern für den Dienst an der Gemeinde ausgebildet wurden. Bald wurde es zu eng und es entstand ein Diakonissenmutterhaus, das vier Jahre später eingeweiht wurde.

Am 3.10.1837 in Potsdam geboren, wuchs sie in Schlesien auf, wo ihr Vater ein Büro der Inneren und Äußeren Mission der evangelischen Kirche leitete. Schon in ihrer Jugend widmete sich Thusnelda von Saldern der Armenpflege und empfand dabei immer mehr ihren Mangel an Krankenpflegetechnik. Daher besuchte sie einen entsprechenden Kurs im Diakonissenmutterhaus Breslau.

Mit der früh verstorbenen Olga von Bissing-Beerburg hatte sich Thusnelda in Meffersdorf/Schlesien angefreundet und deren Bitte, eine Kleinkinderschule zu gründen, später verwirklicht. Auf Initiative des Vaters von Bissing-Beerburg war 1871 der Oberlinverein von Männern der Inneren Mission gegründet worden.

Neben einer Krippe und Kleinkinderschule sowie einer Siechstation wurden im Nowaweser Oberlinhaus auch seit 1894 verkrüppelte Kinder betreut. Bereits 1887 fanden taubstummblinde Kinder dort Fürsorge, was damals in Deutschland unbekannt war.

Bis Ende 1905 leitete Thusnelda von Saldern als erste Diakonisse und Oberin im Oberlinhaus die Arbeit der Schwestern, von denen es 1896 schon 140 gab. In diesem Vierteljahrhundert baute sie maßgeblich die Krankenpflege und Behindertenhilfe in Nowawes mit auf. Zur opferreichen Arbeit mit Behinderten ermutigte sie auch ihre Nichte Agnes von Saldern, die 1905 ins Oberlinhaus eintrat und ihr Vermächtnis fortführte.

Thusnelda von Saldern schrieb auch Erzählungen, die später veröffentlicht wurden und deren Verkaufserlöse dem Oberlinhaus zugute kamen. Beispielsweise über das Diakonissenleben, in dessen Erinnerungen Reisebriefe aus Schweden enthalten sind, wo sie Diakonissenhäuser besuchte. Dazu zählt auch der Abschnitt: „Ein Frühlingsabend zur Winterszeit", durch den Mitglieder des Oberlinvereins auf sie aufmerksam wurden und als Oberin nach Nowawes beriefen.

Entfernt vom Oberlinhaus starb sie am 12. 5. 1910, wurde aber in unmittelbarer Nähe beigesetzt, auf der Grabstelle des Oberlinhauses im Friedhof der Babelsberger Goethe-Straße.

Kaiserin Victoria

1840-1901

Victoria kämpfte als Kronprinzessin und als Kaiserin wie ihre Schwiegermutter Augusta gegen die Politik Bismarcks. Als liberale Politikerin setzte sie, der Tradition Sophie Charlotte folgend, die Förderung der Wissenschaften und Künste fort, unterstützte die Frauenrechtlerin Helene Lange und verfaßte ein Memorandum über die Vorteile eines Ministerverantwortlichkeitsgesetzes, das sie ihrem Mann Friedrich Wilhelm als seine Arbeit unterschob. Ein Entrüstungssturm hätte sich ergeben, wenn herausgekommen wäre, daß sie und nicht Friedrich der Urheber war. Victoria schrieb täglich ihrer Mutter nach England, ihrem Vater einmal in der Woche. Insgesamt 4162 Briefe an ihre Mutter sind erhalten. (Th.Knaur Nachf.Verlag Berlin „Die Briefe der Kaiserin Friedrich"). Bismarck und Victoria bekämpften sich mit politischen Mitteln, achteten einander jedoch gegenseitig. Von Bismarck ist überliefert, daß er die Fähigkeiten der Prinzessin von Anfgang an niemals unterschätzte. Mit der sogenannten Kronprinzenpartei gründete sie das „Gegenministerium" zu Bismarck, zu dessen Kreis auch Virchow und Helmholtz gehörten. Die Einrichtung der Sternwarte Potsdam und die Gründung der Physikalisch-Technischen Reichsanstalt wurden vom Gegenministerium betrieben. Über den Reichskanzler Bismarck schrieb sie 1877 nach der Einführung des Sozialistengesetzes an ihre Mutter: *„Er ist ein Mensch aus einem anderen Jahrhundert, sicher ein Gerechter, aber zynisch und brutal."*

Victoria hatte auf privatem Weg Chemie studiert, sie spielte Orgel und beschäftigte sich intensiv mit dem „Kapital" von Karl Marx.

Am 21.11.1840 wurde sie als erstes Kind der englischen Königin Victoria im Buckinghampalast geboren. Heirat 1858 mit dem Prinzen Friedrich Wilhelm von Preußen in London. Der deutsche Hof, dem die Prinzessin jetzt angehörte, ähnelte dem englischen Hof ganz und gar nicht, da dieser zu jener Zeit lustig und jung war, der deutsche dagegen steif und langweilig. Den ersten Winter verbrachte sie im Stadtchloß in Potsdam und vermißte vieles. In

England war sie es gewohnt, ihre Gedanken frei auszusprechen, nun gaben ihre Ehrlichkeit und Offenheit den deutschen Verwandten Anlaß zu Krititk. Der Überfluß an langweiliger Etikette, die deutschen Stiefel und der Mangel an Badezimmern gingen der Kronprinzessin auf die Nerven. Als sie mit ihrem Mann 1858 ins Schloß Babelsberg einzog, fühlte sie sich etwas besser durch den englischen Stil des Bauwerkes.

Das erste Kind, der spätere Wilhelm II. und zugleich letzte Kaiser, wurde 1859 geboren. Er kam mit einem verkrüppelten Arm zur Welt und hatte durch eine extrem strenge Erziehung später als Kaiser ein kompliziertes Verhältnis zur Mutter. Insgesamt gebar Victoria sechs Kinder, was aber ihren Ruf nicht verbesserte, denn für die preußischen Männer bedeutete in diesem Fall die Pflichterfüllung der Mutterschaft nichts anderes als die fünffache Gefahr weiterer liberal erzogener Geister.

Nach anfänglichen Feindseligkeiten während seiner Regierungszeit, versöhnte Wilhelm sich mit seiner Mutter. Er äußerte einmal, daß die Schwierigkeiten aus der Ähnlichkeit der Charaktere rühren müßten. Die Bornstedter Basilika, die Friedrich Wilhelm IV. 1856 hat bauen lassen, ist 1882 nach ihren Ideen erweitert worden, außerdem betrieb sie den Bau einer Schule und eines Kinderheims in Bornstedt. 1888, nach dem Tod ihres Mannes, wurde gegen sie ein so heftiger Feldzug eröffnet, wie ihn kaum jemand vor oder nach ihr erleiden mußte.

Mit ihren besten Freundinnen, ihren drei Töchtern, verließ sie das Neue Palais. Für einige Zeit zogen sie sich auf ihr Gut bei Bornstedt zurück. Die letzten Jahre ihres Lebens verbrachte die Kaiserin Friedrich, wie sie sich nach dem Tod ihres Mannes nannte, in ihrem Haus in Kronberg im Taunus. Den „Friedrichshof" ließ sie nach eigenen Ideen in einer Mischung aus englischem Tudor, italienischer Renaissance und dem Klassizismus des 18. Jahrhunderts bauen. Die Zuflucht auf diesem Landsitz, so weit von Potsdam entfernt, signalisierte, daß sie sich aus der Politik zurückgezogen hatte. Dort sollten ihre so lange von ihr gesammelten Kunstschätze und Dokumente ihren Platz bekommen. Sie unternahm Reisen und wurde ansonsten die Landadelfrau, die sie immer gern sein wollte und auf dem Gut Bornstedt teilweise auch war. In Italien malte sie Landschaften und Porträts für die Wände ihres „Friedrichshofs". Als Leiter ihres Haushaltes blieb Graf Sekkendorf bis zum Schluß bei ihr.

Hedwig Heyl

1850-1934

Die Frauenrechtlerin Alice Salomon (1872-1948) über Hedwig Heyl: *„Sie war tatsächlich ein Genie in praktischen Dingen, aber sie hatte sonderbare Vorstellungen von den jüngeren Frauen mit akademischer Ausbildung und war davon überzeugt, daß keine von uns ein Scheibe Brot abschneiden oder Eier kochen könne."*

Kommentar zu einer Frau, deren Widersprüchlichkeit erst aus Biographie, gelebtem Leben und Zeitgeist ersichtlich wird. Hedwig Heyl kam aus großbürgerlichem Haushalt, ihr Vater war Eduard Grüsemann, Mitbegründer und Direktor des Norddeutschen Lloyds. Sie besuchte die Höhere Töchterschule in Bremen und war im Erziehungsheim in Wolfenbüttel eine Schülerin Henriette Schraders. Georg Friedrich Heyl, den sie neunzehnjährig heiratete, war Besitzer einer Berliner Farbenfabrik. Bis 1886 kamen ihre fünf Kinder zur Welt. In der Fabrik ihres Mannes verbesserte sie die sozialen Verhältnisse für Arbeiter. Unter anderem richtete sie eine Badeanstalt ein, ein Jugendheim und eine Speiseanstalt, verbunden mit wirtschaftlicher Ausbildung der Fabrikmädchen. 1884 gründete sie die erste systematische Koch- und Haushaltsschule im Pestalozzi-Fröbel-Haus und 1890 die erste Gartenbauschule für Frauen. Obwohl immer in Berlin tätig, lebte sie mit ihrer Familie bis 1902 in Babelsberg in der Virchowstraße 19-21 am Griebnitzsee.

Offenbar unermüdlich übernahm Hedwig Heyl zudem die Leitung der Farbenfabrik Charlottenburg und wurde Vorsitzende des Aufsichtsrates.

Mit der aufstrebenden Frauenbewegung kam sie 1903 in Verbindung. Helene Lange gewann sie für die Organisierung des Internationalen Frauenkongresses. In ihrer Autobiographie schrieb Hedwig Heyl dazu:

„1903 suchte Helene Lange die Hausfrau, die dem Internationalen Frauenkongreß das Haus baute und wohnlich machte. Die Hausfrau weiß, daß zu jedem Gelingen ein guter Plan

Vorbedingung ist - Indessen war der Wunsch nach Organisation in mir so rege, wie bei den Gründerinnen des Bundes deutscher Frauenvereine, an den ich alle meine Vereine schon angeschlossen hatte."

1904 war Hedwig Heyl Vorsitzende des Lokalkomitees des Internationalen Frauenkongresses, 1909 der Internationalen Volkskunstausstellung und 1912 der Ausstellung „Die Frau in Haus und Beruf". Hedwig Heyl richtete die erste deutsche Mittelstandsküche ein, eine Konservenfabrik und wurde Vorsitzende der Massenspeisung von Berlin. 1919 wurde sie Stadtverordnete von Charlottenburg.

Werke: "A.B.C. der Küche" 1886, "Die Krankenkost" 1889, "Restverwertung in der Küche" 1902 "Volkskochbuch", "Handbuch der Hausarbeit" und neun weitere Bücher, darunter die Autobiografie "Aus meinem Leben" 1925.

Marie Heinze

1857 - 1936

Marie Heinze betrieb als erste Frau in Potsdam eine umfangreiche Familienforschung und nutzte dazu systematisch die Kirchenbücher der Stadt. Einen großen Teil deutscher und preußischer Geschichte erlebte sie unter lebhafter Anteilnahme selbst mit und bewahrte viele Einzelheiten, vor allem der Stadtgeschichte, in ihrem Gedächtnis.

Die am 3.4. 1857 geborene Marie Heinze stammte aus einer Potsdamer Soldaten- und Beamtenfamilie. Der Vater Dr. med. Paul Heinze war Kreisarzt und Vorsteher des medizinischen Amtes und wohnte mindestens bis 1912 in der Charlottenstraße 83.

Marie arbeitete als Lehrerin und lebte allein. Sie eignete sich unermüdlich Geschichtskenntnisse an. Mit zäher Entschlußkraft suchte sie auf dem Gebiet der Kirchenforschung überall zu den ersten Quellen vorzudringen. Sie war in der alten Pfarrchronik von St. Nikolai ebenso bewandert wie in den Kirchenbüchern der Heiligengeist-, Katholischen und Französischen Kirche. Zu einem Jubiläum der Katholischen Kirche von Potsdam 1895 verfaßte sie eine kleine, gehaltvolle Geschichtsstudie, die im Potsdamer Verlag von A.W. Hayn`s Erben erschien.

Dann wandte sie sich der Potsdamer Musikgeschichte zur Zeit Friedrich des Großen und seines Nachfolgers Friedrich Wilhelm II. zu. Die Ergebnisse erschienen in zwei Abhandlungen der Mitteilungen des Potsdamer Geschichtsvereins. Die schönste Frucht dieser Arbeiten, in denen Musik- und Familienforschung zusammenflossen, wurde ihr Artikel über die Familie Benda in der Potsdamer Jahresschau.

Marie`s historisches Interesse galt vornehmlich den Musikern und anderen bekannten Bürgern der Havelstadt. Gemeinsam mit den bekannten Chronisten Julius Haeckel (Herausgeber) und Hans Kania arbeitete sie außerdem an der „Geschichte der Stadt Potsdam", die 1912 erschien. Marie Heinze schrieb für den fünften Abschnitt einen Essay mit dem Titel „Aus dem geistigen und gesellschaftlichen Leben Potsdams".

Ihre besondere Liebe galt auch dem Potsdamer Heimatmuseum, an dessem Aufbau sie jahrzehntelang mitwirkte. Als alleinstehende Frau beschäftigte sie sich gern mit ähnlichen Persönlichkeiten der Potsdamer Geschichte. So suchte sie das Andenken der zur Zeit Friedrich des Großen wohltätigen Marie Theresia Califice, die mit ihrer Schwester arme aus Lüttich nach Preußen gekommene Gewehrarbeiter unterstützte, der feinsinnigen Dichterin Karoline Rudolphi und der Historikerin Karoline Schulze, beide aus dem 19. Jahrhundert, wachzuhalten. Im Gegensatz zu ihrer Vorgängerin Karoline Schulze war Marie endlich Mitglied im Verein für die Geschichte Potsdams und genoß dort Redefreiheit. In den Vereinsmitteilungen, die heute noch in der Stadt- und Landesbibliothek nutzbar sind, veröffentlichte sie viele Ergebnisse ihrer Forschungen. Beispielsweise 1907 über die Einwanderung der Lütticher Gerwehrarbeiter in Potsdam. Vielleicht kannte sie persönlich ihre Wegbereiterin, die Heimatforscherin Karoline Schulze, die bis Ende 1881 lebte.

Kaiserin Auguste Victoria

1858-1921

Die Frau des letzten deutschen Kaisers sagte über sich selbst: „Ich bin in der Verbannung geboren und werde wohl auch in ihr sterben."

Kaiserin Auguste Victoria verließ am Abend des 27. November 1918 Potsdam, um ihrem Mann Kaiser Wilhelm II. nach Holland ins Exil zu folgen.

Auguste Victoria wurde am 22.10. 1858 als zweites von sieben Kindern der Adelheid geb. Prinzessin v. Hohenlohe-Langenburg und des Herzogs Friedrich v. Schleswig-Holstein im preußischen Dolzig (Niederlausitz) geboren, fern ihrer eigentlichen holsteinischen Heimat. Sie wuchs, gewissermaßen im Exil, seit 1863 in Primkenau/Schlesien auf, einem ländlichen Bezirk, wo für sie Gartenarbeit, die Ernte und Verarbeitung der Früchte zu den täglichen Pflichten zählte. Bereits als Kind erhielt sie den Beinamen „Dona".

Ihr soziales Engagement, ihre gütige, auf Ausgleich bedachte Art, wofür sie später als Kaiserin so populär wurde, zeigte sich schon in ihrer Jugend, als sie sich der Betreuung alter Menschen, Kranker und Armer widmete. 1880 verlobte sie sich zunächst in Gotha, offiziell am 2. Juni im Schloß Babelsberg. Als Wohnort hatte das junge Paar Potsdam gewählt. Nach einem kurzen Aufenthalt im Stadtschloß zogen sie im Sommer 1881 ins Neue Palais, das die Kaiserin stets als ihr eigentliches Zuhause betrachtete. Streng kirchlich gesinnt galt ihre Sorge ihrer Familie und der im Volk herrschenden Not. Der Säuglingspflege widmete sie besondere Aufmerksamkeit. Sie gründete die Auguste-Victoria-Kinderkrippe in der heutigen Hebbelstraße und stiftete für den Bau des Luisenhauses einen erheblichen Geldbetrag aus ihrer Privatschatulle. Im Exil erbat sie 1919 zu ihrem Geburtstag anstelle eines Geschenks eine Geldspende, die sie in Höhe von 3000 Mark für notleidende Kinder nach Berlin überwies.

Nachdem Wilhelm II. am 10. November 1918 über Belgien Deutschland verlassen hatte, blieb die Kaiserin zunächst in Potsdam im Neuen Palais. Auf Wunsch ihres zweiten Sohnes, Prinz

Eitel Friedrich, übersiedelte sie dann aus Sicherheitsgründen zu ihm in die Villa Ingenheim.

Schon herzkrank, verschlimmerte sich nach einem Schlaganfall im August 1918 ihr Gesundheitszustand zusehens. Dazu kamen im Exil der psychische Druck und starkes Heimweh. Am 11. 4. 1921 erlag sie in Doorn ihrem Herzleiden. Im Antiken Tempel im Park Sanssouci wurde sie am 19. April beigesetzt.

Zu ihrer Beerdigung kamen etwa 200.000 Menschen.

Käthe Pietschker

1861-1949

Die Mutter des 1909 tödlich verunglückten Flugpioniers Alfred Pietschker stellte ihr Leben unter die Devise *„Können und Besitz sind keine Geschenke, sondern Verpflichtungen, etwas daraus zu machen oder andere daran teilnehmen zu lassen"*. In diesem Sinne folgte sie ihrem Vater Werner von Siemens, der seinen Arbeitern und Beamten eine Gewinnbeteiligung zusicherte, für seine Mitarbeiter die Siemens-Gartenstadt erbauen ließ und Altersrenten einführte. Gleich ihren Schwestern war sie Mitbegründerin der Siemens Witwen- und Waisenkasse. 1912 stiftete sie im Andenken an den Sohn ein für alle Bevölkerungsschichten in Potsdam fehlendes Hallenbad - das Werner-Alfred-Bad - mit gesundheitsfördernden Bereichen, vor allem der großen Wannenbäder-Abteilung, die bis zur Schließung 1992 dankbar von allen Potsdamern, die noch ohne eigene Bademöglichkeiten auskommen mußten, genutzt wurde.

Am 23. 9. 1861 wurde sie als Käthe Siemens in Berlin-Charlottenburg geboren. (Der Vater wurde mit seinen Nachkommen 1888 geadelt). Käthe heiratete am 27. Oktober 1884 in Berlin den evangelischen Pfarrer Dr. Carl Pietschker, der in der den Hohenzollern zugehörigen Kirche in Bornstedt tätig war. Aus der Ehe gingen sechs Kinder hervor. Nach dem Tod ihres Mannes wohnte sie bis 1949 in der heutigen Gregor-Mendel-Straße. Ihre persönliche Lebensweise war auf Kneipp und Garschagen eingestellt. In der Berliner Schule schon als „Apfelkäthe" bekannt, führte sie in ihrem Umkreis eine - heute als biologisch bezeichnete - Ernährungsform ein. Während des 1. Weltkrieges 1914-1918 betreute und finanzierte Käthe Pietschker ein Genesungsheim mit 70 Betten. Die geistige Betreuung der Pfleglinge übernahm Geh. Rat Eberhard, Großmeister der loga teutonia, der Käthe Pietschker auch die Räume der Loge und den Garten in der Kurfürstenstraße zur Verfügung stellte. Es wurden Konzerte veranstaltet, Vorträge gehalten und Fortbildungskurse eingerichtet. Eine große Bücherei sorgte für Lektüre. Als Magen- und Darmlazarett erfreute sich das Heim eines guten Rufes und wurde des öfteren von der Kaiserin besucht. Die Tochter Dorothea fungierte als stellvertretende Leiterin des Heimes. Im Zuge des Umschwunges der Stimmung 1918, als sich nach dem Ausbruch der Revolution die Soldatenräte einfanden und nach Mitbestimmung verlangten, wurde das Heim aufgelöst. In den Nachkriegsjahren richtete sie einen Mittagstisch für verarmte Mitbürger ein und unterstützte die Kinderheime in Bornstedt und Bornim. Als 1945 die Russen ihr Haus besetzten, erlaubten sie ihr aufgrund ihrer tätigen Nächstenliebe, darin wohnen zu bleiben. Allerdings wurde sie der Verantwortung für das Werner-Alfred-Bad enthoben, so daß Potsdam in der folgenden Zeit für den Betrieb und die Erhaltung selbst aufkommen mußte.

Am 16. 9. 1949 starb Käthe Pietschker im hohen Alter. Sie wurde auf dem Bornstedter Friedhof beigesetzt.

Johanna Just

1862 - 1929

Einen großen Haushalt zu führen, bedeutete noch um die Jahrhundertwende, Personal einzustellen, anzuleiten und einen komplexen Betrieb zu organsieren. Tätigkeiten, die hierfür nötig waren, mußten vermittelt und erlernt werden und waren nicht selbstverständlich. Der organisierte, schulisch verwaltete Unterricht in eigens dafür geschaffenen Institutionen jedoch war relativ neu und die von Johanna Just 1904 gegründete Potsdamer Handels- und Gewerbeschule erst die dritte ihrer Art in Preußen.

Aus Sachsen kommend, 1862 in Dresden geboren, gründete sie 1889 in Hirschgarten bei Köpenick ein privates Haushaltungspensionat für Töchter gebildeter Stände, das fünf Jahre später in die Berliner Vorstadt von Potsdam verlegt wurde. Die Mädchen wurden auf das Familienleben oder für eine Anstellung in Privat-Haushalten vorbereitet.

Die Schule mußte schon nach einigen Jahren erweitert werden, und so entstand in der heutigen Berliner Straße/Ecke Rubensstraße ein markanter fünfgeschossiger Neubau. Gebaut wurde nach Entwürfen des späteren Tempelhofer Stadtbaurates Fritz Bräunig (1878-1951). Dafür mußte eine Sonderbaugenehmigung eingeholt werden, da damals in der Berliner Vorstadt von Potsdam eine solche Geschoßzahl baupolizeilich nicht zugelassen war. Architektonisch ist ein ovaler Treppenturm bemerkenswert, dessen weithin sichtbares Belvedere im 2. Weltkrieg zerstört und 1997 wieder aufgebaut wurde. Das große Gebäudeensemble in der Berliner Vorstadt verfügte neben normalen Unterrichtsräumen über Zimmer für die praktische Haushaltung wie Küchen, Wasch- und Bügelräume und Nähstuben. Außerdem gab es einen Wohntrakt für Lehrerinnen und 40 Pensionatsschülerinnen. Extern lernten dort 360 Schülerinnen.

Nachdem Johanna Just bis 1926 die inzwischen Staatliche Schule als Direktorin geleitet hatte, trat sie 64jährig in den Ruhestand.

Im neugebauten Potsdamer Kirchsteigfeld gibt es seit 1994 eine Johanna-Just-Straße.

Dorothee Goebeler

1867-1945

Ihre schriftstellerische Laufbahn begann sie als Journalistin. Ende der achtziger Jahre wurde sie ständige Mitarbeiterin beim Berliner Lokal-Anzeiger, arbeitete dann für die „Gartenlaube", die „Woche", die „Deutsche Frauenzeitung", die „Morgenpost" u.a. Zeitungen und Zeitschriften. 1904 übernahm sie die Redaktion der „Berliner Hausfrau".

Sie wurde als Tochter des Kaufmanns Hugo Goebeler und seiner Frau in Potsdam geboren. Dort und in Klein-Glienicke verlebte sie ihre Kindheit und Jugend, wo sie durch ihr Elternhaus angeregt wurde, sich für die Landschaft der Mark Brandenburg und die märkische Geschichte zu interessieren. Beides spielt in ihren späteren literarischen Arbeiten eine entscheidende Rolle. Nach dem Besuch der höheren Töchterschule in Potsdam siedelte Dorothee Goebeler mit ihren Eltern nach Berlin über. Dort besuchte sie das Viktoria-Lyzeum. Sie bevorzugte kleinere Erzählformen wie Kurzgeschichten, Skizzen und Feuilletons. Daneben erschienen Schriften über Träume, Spiritismus und Magnetismus sowie zur Lage der Frau. Nach 1933 unterstützte sie mit ihren Romanen die Ideologie des Nationalsozialismus, indem sie die vorgegebenen Rollenbilder der Frau festschrieb. Zeitweilig veröffentlichte sie unter dem Pseudonym Paula Hohenfels.

In den fünfziger Jahren wurden einige ihrer Unterhaltungsromane, die als Serien für Zeitungen oder Zeitschriften geschrieben worden waren, als Buch veröffentlicht. Ihr Schaffen umfaßt etwa 35 Bücher.

Werke: Potsdamer Plaudereien (Skizzen), Berlin 1924; Potsdam im Spiegel, Berlin 1925; Als Wandervogel durch die Mark, Berlin, 1924

Bianca Becker-Samolewska

1876-1925

Eine das Potsdamer Musikleben prägende Persönlichkeit war die Geigenvirtuosin Bianca Becker-Samolewska.

Am 21. 1. 1876 wurde sie in Berlin geboren. Ihren ersten Geigenunterricht erhielt sie von ihrem polnischen Vater. Vom 13. bis zum 16.Lebensjahr wurde sie von Fabian Rehfeld unterrichtet, dem damaligen Hofkonzertmeister an der Königlichen Oper Berlin.

Durch Fürsprache der Sängerin Marie Schinkel, einer Enkelin des Baumeisters und Architekten Karl Friedrich Schinkel, wurde sie Meisterschülerin bei dem jüdischen Geiger Joseph Joachim, dem 1. Direktor der Berliner Musikhochschule. Mit ihrem Ehemann, dem Kirchenmusikdirektor Otto Becker, ging sie 1910 nach Potsdam, spielte bei seinen Kirchenkonzerten mit, gründete 1911 mit ihm und dem Potsdamer Cellisten Walther Schmiedt das „Potsdamer Trio" und leitete den Mädchen- und Knabenchor der Garnisonskirche. Während des 1. Weltkrieges konzertierte das Ehepaar in Lazaretten vor verwundeten Soldaten, aber auch in Heimen und anderen Kliniken ohne Gage. In der Ehe wurden vier Kinder geboren.

Im Herbst 1923 mußte sich die Künstlerin einer Operation unterziehen, konzertierte aber im folgenden Winter noch in Finnland. Nach langem Krankenhausaufenthalt starb sie am 21. 3. 1925 in Potsdam.

Das 20. Jahrhundert

Lotte Brunner
Anni von Gottberg
Lotte Werkmeister
Kronprinzessin Cecilie
Aloise Corbaz
Irmgard Kiepenheuer
Fanny du Bois Reymond
Toni Stemmler
Elisabeth Holnstein
Margarete Güssow
Lily Pincus
Lotte Reiniger
Hanna Grisebach
Lucie Schölzer
Maimi von Mirbach
Margarete Buber-Neumann
Eva Foerster
Mildred Harnack-Fish
Walli Nagel
Lilian Harvey
Sophie Farber-Winzer
Sieglind Kramer
Bettina Hürlimann

Lotte Brunner

1883-1943

Die schriftstellerische Tätigkeit der in Hamburg geborenen Lotte Brunner ist hauptsächlich im Zusammenhang mit dem Werk ihres Stiefvaters, des Philosophen Constantin Brunners zu verstehen. 1895 heiratete die Mutter nach ihrer Scheidung von Georg Müller den Philosophen Brunner, der sich von Plato, Christus und Spinoza leiten ließ. Von 1913 bis 1930 lebte die Familie in Potsdam, in der heutigen Berliner Straße 59, nahe der Glienicker Brücke. Lotte begleitete das Schaffen ihres Stiefvaters 30 Jahre lang in Form eines Tagebuches. 1970 erschien es unter dem Titel „Es gibt kein Ende" beim Hansa Verlag München. Als Schriftstellerin schrieb sie unter ihrem Pseudonym H.C.Werthenau eine vergleichende Analyse: „Constantin Brunner und Friedrich Nietzsche", die Ende der zwanziger Jahre beim Kiepenheuer Verlag in Potsdam erschien.

Lottes Beziehung zum Stiefvater war eng. Im Alter von 32 Jahren schrieb sie in ihr Tagebuch: *„Seit wir in Potsdam wohnen, haben wir die Sitte geschaffen, daß Vater und ich an meinem Geburtstag, am ersten Mai, den Birkenwald von Sakrow besuchen."* Andere Spaziergänge führten in den Babelsberger Park und den Neuen Garten. Sie gingen gemeinsam ins Kino (besonders gern, wenn Astha Nielsen mitspielte) und in Konzerte. Der Jude Brunner hatte das „Glück" 1937 im Exil in Den Haag eines natürlichen Todes zu sterben. Mutter und Tochter wurden in Holland verraten und ausgeliefert. Lotte Brunner hatte zunächst als Autorin eines Buches über Nietzsche das Angebot bekommen, vom KZ verschont zu bleiben. Um Beistand zu geben, begleitete sie jedoch ihre Mutter. Aus dem Konzentrationslager Westerbork in Holland schrieb sie am 5. Oktober 1942 an einen Freund: *„Ich muß leider fürchten, sehr bald ganz ins Dunkle zu verschwinden, und beeile mich auch darum die Antwort. Sehr wahrscheinlich kann ich für meine Person auf Grund von allerlei Tatsachen und Dokumenten Befreiung erwirken, jedoch nicht für Mutter, und daß ich diese uralte und doch prächtig jugendliche Frau, die sich so* *ausgezeichnet hält, tapfer, geduldig, bescheiden, temperamentvoll, nicht allein in ein solches Schicksal werfen lasse, dies wirst du begreifen, ob wohl eine gescheite Advokatin stürmisch auffuhr 'Sind Sie verrückt, daß sie sich für eine einundachtzigjährige Frau opfern wollen?' An „Opfern" hatte ich nie gedacht - ich könnte einfach nicht anders, obwohl Mutter nicht zu meinen Allernächsten gehört, nur zu meinen Nächsten. Ich hätte doch kein Leben hier."*

Am 30. April 1943 wurde Lotte Brunner im Vernichtungslager Sobidor ermordet.

Anni von Gottberg

1885-1958

Als Mitglied der Bekennenden Kirche einem Ideal verpflichtet, unbeugsam und unbequem in einer Zeit von Angst und Anpassung, von Bequemlichkeit und Opportunismus, hatte es diese preußische Adlige schwer im Kampf gegen die nationalsozialistische Gleichschaltung des politischen Lebens.

Geboren wurde sie als Anni von Selchow am 7. 5. 1885. Ihr Großvater war eine zeitlang preußischer Landwirtschaftsminister unter Otto von Bismarck. Ihr Bruder Bogislaw von Selchow ist als Dichter bekanntgeworden. Annis erste Ehe wurde geschieden, ihr zweiter Ehemann war Oberregierungsrat.

Neben anderen Frauen aus dem Potsdamer Adel und dem späteren Bischof Albrecht Schönherr war sie die konsequenteste Vertreterin der Bekennenden Kirche und geriet so stets in Konflikt mit Pfarrern, die auf Ausgleich bedacht waren und dem Hitlerregime vorsichtiger begegnen wollten. Sie hielten ihr stets die Gefahren ihrer entschiedenen Haltung vor. Die Probleme ihrer unermüdlichen Tätigkeit spiegeln sich auch in den Briefen wider, die sie an Albrecht Schönherr in den dreißiger Jahren schrieb, aus denen hervorgeht, daß sie oft zwischen den Stühlen saß. Auf die Frage des Präses Scharf, ob sie schon Mitglied des Kreisbruderrates sei, antwortete Anni von Gottberg: „Für Potsdam bin ich das rote Tuch."

Oft mußte sie sich gegen den Vorwurf eines wirklichkeitsfernen Idealismus wehren. Als es 1935 um die Überführung der evangelischen Jugendvereine in die Hitlerjugend ging, rechtfertigten sich die weniger entschiedenen Pfarrer der Bekennenden Kirche vor ihr mit den Worten: *„Wer aus der praktischen Gemeindearbeit kommt, muß anders urteilen, als wenn er von einem idealen Standpunkt aus denkt."* Ihr Kampf schien einsam. Die Potsdamer machten ihr Kummer: *„Ich bin allein auf weiter Flur. Was sind wir Menschen - wenn Gott mich nur leiden kann."* Ein BK-Superintendent hatte ihr vorgehalten: *„Wir dürfen den Rausch auf der anderen Seite nicht mit* *einem Gegenrausch bekämpfen."* In einem Brief von 1936 beschrieb sie, wie sie sich als einsamer Vorposten sah: *„den Unfrieden bringe ich. Der Weg ist vielen unbequem. Menschen können mich nicht verstehen."* Sie wollte nicht radikal sein, war es aber dennoch: *„Ich will ja nur meinen Weg im Gehorsam gehen, weiter nichts."* Sie verstand sich als Gefangene des Rufes Christi und hat noch bittere Zeiten erleben müssen, die Zerstörung Potsdams und eine eigene schwere Krankheit.

Noch bis 1955 wohnte sie in der Weinbergstraße 35, siedelte dann zu ihrem Sohn nach Hamburg über und starb dort am 9.7. 1958. Begraben wurde sie in Potsdam auf dem Bornstedter Friedhof.

Lotte Werkmeister

1885-1970

1945 waren viele ihrer Freunde und Kollegen tot. Max Pallenberg und die Prominenten des „Kabaretts der Komiker", Käthe Dorsch und Rosa Valetti, Karl Valentin und Wilhelm Bendow, Fredi Sieg und Erich Carow, Claire Waldorf und Karl Schnog.

Lotte Werkmeister war 60 Jahre alt.

Seit 1938 wohnte sie in Potsdam-Rehbrücke. Kurz nach Kriegsende, noch im Mai, hielt vor ihrem Haus in der Gerhart-Hauptmann-Straße ein Auto, aus dem der Ufa-Schauspieler Georg Alexander stieg und die Nachricht brachte, daß der Theaterbetrieb wieder aufgenommen wird. Am 18. Mai war Premiere im Konzerthaus in der Hegelallee. Sie spielte die Mutter Wolffen in Gerhart Hauptmanns „Biberpelz", zehnmal wiederholt auf Potsdamer und Berliner Behelfsbühnen, ein Jahr lang, im Winter in unbeheizten Sälen - Lotte Werkmeister, die komische Nudel der Unterhaltungsbranche zeigt, was sie sonst noch kann.

Am 26. 12. 1885 wurde Lotte Werkmeister in Berlin geboren. Sie wuchs in Magdeburg bei der Großmutter auf. Ihre Liebe zum Gesang entdeckte sie, als sie einen Leierkastenmann auf dem Hof hörte. Halbwüchsig war sie fortan Stammgast im Victoria-Sommertheater. Als Siebzehnjährige wurde sie 1902 am Theater als Volontärin ohne Gage angenommen. Bald wechselte sie ins komische Fach und nach Brandenburg. Bei einem Gastspiel in Düsseldorf lernte sie ihren späteren, aus Wien stammenden Ehemann, den Kapellmeister Heinz Jaksch kennen. Er wurde ihr Hauskomponist und ständiger Begleiter auf dem Flügel.

Sie war als Schauspielerin in Hamburg, Mannheim, München und Köln engagiert. 1906 ging Lotte Werkmeister nach Berlin. In den zwanziger Jahren trat sie an der Komischen Oper an der Weidendammer Brücke und als Operettentänzerin am Metropol auf. Sie spielte die „Pompadur" zusammen mit Fritzi Massari. Zwei Jahre lang sang sie in der Operette „Frau Luna". Sie bildete ihre Stimme aus, um Chansons zu singen. Lotte Werkmeister - zu mollig für die steppenden

Girlytruppen und zu volkstümlich für die mondänen Schlangen - wechselte Ende der zwanziger Jahre ganz zum Chanson. In dieser Zeit waren in den gut besuchten Filmtheatern Berlins Vorprogramme üblich. Wie Claire Waldorf verdiente sich auch die Werkmeister ein Zubrot. Sie tingelten an einem Abend durch sieben bis neun Kinos. Die Auftrittszeiten wurden von einem Manager nach einem ausgeklügeltem Feldzugplan auf die Minute genau abgemessen. Nicht selten rief ein verzweifelter Kinobesitzer in einem anderen Kino an, um zu erfahren, wieviele Lieder dort noch gesungen würden.

Hauptsächlich jedoch trat Lotte Werkmeister in den kleinen Etablissements in der Friedrichstraße auf, auch im „Prater" und im „Chat noir".

Nach dem Krieg gründete sie mit Otto Nagel und anderen den Kulturbund in Potsdam.

1955 starb ihr Ehemann Heinz Jaksch. Lotte Werkmeister stand 60 Jahre auf der Bühne. Sie sang in Berliner Lokalen, Kabaretts, Varietés, in Veranstaltungssälen, Kulturhäusern und Theatern.

Am 15.7. 1970 starb sie im Alter von 85 Jahren in ihrem Haus in Rehbrücke.

Kronprinzessin Cecilie

1886-1954

Als preußische Kronprinzessin lebte sie viele Jahre in Potsdam und gab dem Schloß Cecilienhof im Neuen Garten seinen Namen.

Im Schweriner Schloß kam Cecilie als Kind der russischen Großfürstin Anastasia Michailowna und des Großherzogs Friedrich Franz III. von Mecklenburg-Schwerin am 20. 9. 1886 zur Welt. Wegen der anfälligen Gesundheit des Vaters wuchs sie im Wechsel zwischen Mecklenburg und Frankreich auf. Nach seinem Tod 1897 reiste Cecilie viel mit ihrer überaus aktiven Mutter. Besuche am Zarenhof bei ihrem Großvater, dem Großfürsten Michael Nikolajewitsch, liebte sie besonders.

Im heiratsfähigen Alter verfügte die hübsche Prinzessin bereits über große Erfahrung im gesellschaftlichen Umgang, war gewandt und kannte einen beachtlichen Teil der Länder Europas. Kein Wunder, daß auch die deutsche Kaiserfamilie sie als mögliche Heiratskandidatin für Kronprinz Wilhelm betrachtete. Cecilie kannte den Hohenzollernsproß wie damals viele junge Mädchen von zahlreichen Fotos und fand ihn außergewöhnlich anziehend. Aus beider erstem Treffen 1904 soll Liebe auf den ersten Blick entstanden sein. Ein Jahr später heirateten Cecilie und Wilhelm im Berliner Stadtschloß. Der Hochzeitsglanz in der Blüte des deutschen Kaiserreiches, die sympathische Ausstrahlung der schönen Kronprinzessin und des hoffnungsvollen Thronerben verhalfen dem Paar zu immenser Beliebtheit. Nicht zuletzt dank der Presse, die für lange Zeit ihr Lieblingsthema gefunden hatte. Als Wohnsitz hatte der Kaiser dem Paar das Marmorpalais im Neuen Garten zugewiesen, wo es die meiste Zeit verbrachte. Bis 1911 kamen die vier Söhne zur Welt, zwei Mädchen folgten noch. Bereits damals entstanden Pläne für ein weiteres, komfortableres Schloß im Neuen Garten. Noch vor dem ersten Weltkrieg wurde mit dem Bau des Kronprinzen-Schlosses im Stil eines englischen Landhauses begonnen, dann aber zeitweilig unterbrochen.

Cecilie widmete sich im Krieg der Verwundetenpflege und intensiv der Erziehung ihrer sechs Kinder. Im August 1917 bezogen sie die ersten Räume des neuen Schlosses. Als die Novemberrevolution ausbrach, siedelten sie sicherheitshalber in das Neue Palais nach Sanssouci über. Während Kaiser und Kronprinz auf die Reichs- und Preußen-Krone verzichten mußten und ins Exil gingen, blieb Cecilie wegen der Kinder in Deutschland. Sie lebte meist im schlesischen Oels, wo das Paar trotz Fürstenenteignung noch Schloß und Landsitz hatte. Die beiden ältesten Söhne blieben unter Aufsicht im Schloß Cecilienhof, das der Kronprinzenfamilie vom Staat zur Nutzung auf Lebenszeit überlassen worden war.

Dank Reichskanzler Stresemann konnte Wilhelm Ende 1923 aus dem Exil nach Potsdam in das ihm noch unbekannte Schloß am Jungfernsee zurückkehren. Als Privatpaar genossen sie nun ihr Leben. Im Schloß Cecilienhof trafen sie sich mit Politikern, Künstlern und Sportlern. Die besonders Musik liebende Cecilie lud regelmäßig berühmte Musiker zu kleinen Konzerten ein. Bis zum Ausbruch des 2. Weltkrieges reiste das Paar viel, so in skandinavische Länder, nach Nordafrika und in die Schweiz. Als während der Olympiade 1936 der Ozeanüberflieger Charles Lindbergh in Berlin weilte, gaben sie ihm einen großen Empfang.

Noch Weihnachten 1944 verbrachten sie mit den Töchtern in Cecilienhof, das die Kronprinzessin aber im folgenden Februar floh. In Kissingen, im Hause des befreundeten und zeitweiligen Leibarztes des Kaisers, Dr. Soitier, fand sie Unterkunft. Dort starb sie auch im Jahr 1954, am 6. 5., dem Geburtstag ihres Mannes.

Aloise Corbaz

1886-1964

Aloise war eine Pazifistin, die den Ruhm Wilhelm II. besang und dieses Paradox durch eine Reihe philosophischer Gleichungen rechtfertigte. Sie war verliebt in den Kaiser, lebte vier Jahre in Potsdam und notierte später, wieder in der Schweiz, in ihr Tagebuch: *„Oft verblendet von den roten Flammen dieser unermeßlichen Liebe war ich versucht, Türe und Fenster einzuschlagen, um sie bekanntzugeben."*

1886 wurde sie in Lausanne geboren. Ihr Vater, ein Postbeamter, soll ein brutaler Alkoholiker gewesen sein, trotzdem liebte sie ihn sehr. 1906 bestand Aloise das Abitur, begabt mit einer schönen Stimme konnte sie aus finanziellen Gründen keine Laufbahn als Sängerin einschlagen. 1911 bürgerte sie sich aus der Schweiz aus und ging nach Potsdam. Sie arbeitete bei dem Feldprediger von Wilhelm II. als Lehrerin und Erzieherin. 1914 kehrte sie unfreiwillig durch den Beginn des Krieges nach Lausanne zurück. Ihre pazifistischen und humanitären Gefühle manifestierten sich mit einer solchen Heftigkeit, daß man sie 1918 in eine psychiatrische Klinik einwies, wo sie bis zu ihrem Tod 1964 blieb. Bereits in den ersten Jahren der Internierung begann sie zu zeichnen und zu schreiben. Der Großteil ihrer damaligen Produktion ist zerstört. Ab 1936 interessierten sich die Leiter des Krankenhauses für ihre Arbeiten und begannen, ihre Malereien und Texte zu sammeln.

Es ist zu vermuten, daß Aloise bewußt oder unbewußt ihre sozialen Bindungen deshalb abbrach und in den „Wahn" flüchtete, um mit größter Ungezwungenheit ihre Gefühlswelt in der Kunst ausdrücken zu können. Ihre Bilder haben Titel wie Wilhelm II., Le char de la Couronne - Carousel - Sans-Souci. Die großen Liebespaare der Geschichte sind ihr stetes Thema und spielen in Aloises umfangreichen Werk bizarre Rollen. Anachronismen, Unwahrscheinlichkeit und formelle Abenteuer, alles war erlaubt in diesem geschlossenen Universum. Es waren die unvergessenen Mythen des kollektiven Unterbewußtseins, die sie in ihren phantastischen Schauspielen inszenierte. Aloise schrieb Gedichte und Briefe an den Kaiser. Die Bilder gehören der Collection particulière, Morges.

Irmgard Kiepenheuer

1887-1971

Als das Kaiserreich 1918 zu Ende ging, standen viele Gebäude zur Nutzung frei und wurden vermietet. Die Fasanerie im Park von Sanssouci, von Persius entworfen und 1830 erbaut, bezog Irmgard Kiepenheuer und leitete von hier aus nach der Trennung von Gustav Kiepenheuer ihren eigenen Verlag zusammen mit Hans Müller.

1918 war Kiepenheuer mit seinem Verlag von Weimar nach Potsdam gezogen. Er wollte in der Nähe von Berlin sein, wo sich in dieser Zeit der politische und kulturelle Mittelpunkt von Deutschland herausbildete. Verlag und Wohnung befanden sich in der Victoriastraße 59 (heute Geschwister-Scholl-Str.). 1920 lernte Irmgard Kiepenheuer Hans Müller kennen, der als Prokurist beim Kiepenheuer Verlag arbeitete. Irmgard Kiepenheuer entwickelte im Müller & Kiepenheuer Verlag ein Programm, das mit Klassikerausgaben die Zeit der Inflation geschickt überlebte. In ihrem Haus entwickelte sich außerdem ein reger Salonbetrieb. Der Architekt Mies van der Rohe, der Dirigent Wilhelm Furtwängler, Kurt Schwitters, Paul Westheim, Hermann Kasack, Hermann Kesten und andere Künstler und Intellektuelle trafen sich in der Fasanerie. Musik- und Diskussionsabende fanden statt.

Irmgard Kiepenheuer wurde am 2.7. 1887 als Tochter des Bremer Pastors und Autors Otto Funcke geboren. 1908 heiratete Irmgard Funcke in Bremen Gustav Kiepenheuer, der beim dortigen Buchhändler Storm gelernt hatte. Das Ehepaar zog nach Weimar. Aus der Ehe gingen drei Kinder hervor. Bettina, die später den Verleger Martin Hürlimann heiratete, Karl-Otto, der spätere Astrophysiker, und der spätere Filmhersteller Wolfgang.

Der Kiepenheuer Verlag wurde durch die Mitwirkung von Irmgard und den Einsatz ihrer Mitgift 1909 gegründet. 1911 erschien ihre Übersetzung aus dem Englischen von James Matthew Barries „Peter Pan im Waldpark" unter ihrem Mädchennamen Irmgard Funcke.

Nach der Trennung von ihrem Mann in Potsdam und ihrem Einzug in die Fasanerie ließ sie während der Inflation mit billigem Geld wertbeständige Luxusausgaben drucken, mit denen sie ihre Familie über Wasser halten konnte. Giovanni Boccaccios Gesammelte Werke erschienen in drei Bänden, Jean Pauls Werke in acht Bänden. Irmgard Kiepenheuer und Hans Müller gelang es, den bekannten Publizisten Franz Blei als Herausgeber der Sanssouci-Bücher zu gewinnen, einer Reihe, die neben Prachtbänden auch Autoren wie Baudelaire, Hawthorne, Immermann, Cervantes, Balzac und Musil verlegte. Immer wieder finden sich in ihrer Verlagstätigkeit auch Bücher für Kinder. Cläre With, Lehrerin an der von dem Potsdamer Bankier und Mäzen Louis Hagen gegründeten Privatschule, die zeitweise auch Wolfgang Kiepenheuer besuchte, verfaßte für den Verlag Sachbücher für Kinder. Im Jahr 1945 wurde der Verlag Müller & Kiepenheuer in Traunstein mit Verlagssitz Bergen in Oberbayern und München neu gegründet.

Noch im siebzigsten Lebensjahr arbeitete Irmgard Kiepenheuer in ihrem Verlag.

Am 10. 9. 1971 starb sie im Wohnstift Augustinum in Dießen am Ammersee.

Fanny du Bois Reymond

1891-1990

Sie arbeitete als Psychotherapeutin in Potsdam, interessierte sich für Zenbuddhismus und übersetzte unter anderem ein Buch über Frauen-Mysterien. Von 1937 bis 1948 führte sie einen persönlichen Briefwechsel mit C. Gustav Jung.

Am 4.7. 1891 in Berlin geboren, wuchs sie mit zwei Schwestern und zwei Brüdern in Potsdam, in der Bertinistraße 23, in einer wohlhabenden großbürgerlichen Familie auf. Ihr Großvater war Emil du Bois Reymond, Direktor des Physiologischen Instituts in Berlin. Seine Enkelin interessierten besonders die unbewußten psychischen Prozesse.

Die Kinder erhielten eine ausgesuchte Erziehung. Die Familie trug das geistige Erbe zweier berühmter Familien des aufstrebenden Bürgertums. Fannys Urgroßmutter war die Musikerin Fanny Hensel, die Schwester Felix Mendelssohn Bartholdys, die selbst mehr als 400 Musikstücke hinterließ, aber nie öffentlich auftreten oder Kompositionen veröffentlichen durfte.

Die Familie du Bois Reymond pflegte Kontakt zur weitläufigen Verwandtschaft und zu den Akademiker- und Künstlerkreisen in Berlin. Das emotionale Klima in der Familie soll, wie damals üblich, eher kühl und distanziert gewesen sein.

Auf Wunsch des Vaters besuchte Fanny zunächst eine Gartenbauschule. Ab 1927 arbeitete sie als technische Assistentin im Kaiser-Wilhelm-Institut für Züchtungsforschung in Müncheberg, verlor die Stelle 1934, als bekannt wurde, daß ihre Großmutter Jüdin war.

Fanny lebte in Babelsberg, im Haus ihres Bruders Felix, in der heutigen Rudolf-Breitscheid-Straße 134 (neben dem Elternhaus von Peter Weiß). Sie nannte es ihr Schneckenhaus. Sie machte sich selbständig und züchtete zeitweise Champignons. Ledig und ohne Kinder lebte sie mit einer Freundin zusammen. 1935-1938 ging sie bei Toni Sussmann in Analyse, bis diese emigrieren mußte. So lernte sie Carl Gustav Jung kennen, den sie als ihr geistiges Zentrum bezeichnete. Ab 1939 bearbeitete sie ein englisches Manuskript seiner Nietzsche-Seminare, mit der

Absicht, es zu veröffentlichen. Dazu kam es jedoch nicht, weil Jung keine Zustimmung gab. 1938 begann sie in Babelsberg analytisch zu arbeiten. Mit dem Beginn der Nazi-Diktatur wurde die Psychoanalyse als jüdische Wissenschaft verboten. 1936 folgte ein Zusammenschluß aller psychotherapeutischen Richtungen. Fanny trat 1939 in diese Organisation ein. Ab 1941 ging sie zu dem Jungianer Kranefeldt nochmals in eine Lehranalyse.

1945 wurde sie von den sowjetischen Truppen aus dem Haus vertrieben. Sie ging in die Schweiz, wo sie mit ihrer Schwester und zeitweise mit ihrer Mutter an verschiedenen Orten lebte. Der Vater war mit dem jüngeren Bruder 1922 in der Ostsee ertrunken.

In der Schweiz konnte Fanny als Psychotherapeutin nicht genug Geld verdienen, und so arbeitete sie unter anderem als Gärtnerin und Übersetzerin. 1955/56 veröffentlichte sie in der Zeitschrift „Psyche" den Aufsatz „Der unsterbliche Ödipus".

Fast hundertjährig starb sie am 18. 3. 1990.

Toni Stemmler

1892-1976

Unmittelbar hinter der Front im spanischen Bürgerkrieg versorgte sie 1936 im fliegenden Lazarett Verwundete. Antonie Stemmler war eine von 5.000 deutschen Freiwilligen, die drei Jahre auf republikanischer Seite gegen die Truppen Francos kämpften.

Geboren wurde sie als jüngstes von acht Kindern in der Schweiz, siedelte aber bereits zwei Jahre später in die väterliche Heimat Deutschland über. Sie absolvierte das Lehrerinnenseminar und unterrichtete ab 1916 an einer Volksschule in Berlin-Moabit. Jung hatte sie geheiratet und sich wieder scheiden lassen (wen und wann ist unbekannt).

Seit 1929 arbeitete sie beim Verlag Rudolf Mosse als Sekretärin und erfuhr dort durch die Auslandskorrespondenz viel über die politische Situation in Spanien. 1932 wurde sie Mitglied der KPD, in der sie illegal auch die Zeitschrift „Roter Westen" mitherausgab. Von eigenen Genossen verraten, mußte Toni Stemmler 1933 nach Prag emigrieren. Im Malik-Verlag von Wieland Herzfelde beteiligte sie sich an der Edition der „Neuen Deutschen Blätter", des „Prager Mittag" und des „Berliner Mittag". Wegen geistiger Urheberschaft und Herstellung illegaler Schriften gegen Hitlerdeutschland wurde sie drei Jahre später verhaftet und angeklagt. Dank zahlreicher Proteste mußte das Verfahren aber eingestellt werden, sie verlor jedoch das tschechische Asylrecht. Im Auftrag der Partei ging sie nach Paris zum Verlag der Monatszeitschrift „Unite". Einen Sanitätslehrgang nutzte sie nebenbei als Vorbereitung für Spanien. Ihren Lebensgefährten Ernst Goldstein, der Anfeindungen aus den eigenen Reihen ausgesetzt war, bat sie, mit ihr nach Spanien zu gehen und machte sich den Rest ihres Lebens Vorwürfe deswegen, da der von ihr geliebte Mann dort ums Leben kam. Als Krankenschwester pflegte sie ab Frühjahr 1937 in mehreren Hospitalen, so auch in Barcelona, verwundete Interbrigadisten. Nach ihrer Rückkehr wurde sie in Frankreich interniert und 1941 an die Gestapo ausgeliefert. Ohne Prozeß kam sie ins Konzentrationslager Ravensbrück, wo sie als Näherin und später auch als Krankenschwester arbeitete. Dort traf sie auf zwei tschechische Familien, mit denen sie aus ihrer Prager Zeit bekannt war. Ihre Vorteile als Krankenschwester ausnutzend, rettete sie zwei jungen Frauen aus diesen Familien das Leben. Auf dem Todesmarsch 1945 wurde sie mit den anderen Häftlingen von den Soldaten der Sowjetarmee befreit. Nach dem Krieg arbeitete sie drei Jahre als Frauenredakteurin beim Landessender Potsdam, danach als persönliche Referentin beim Ministerpräsidenten der Brandenburger Landesregierung. Bis 1953 war sie 1.Vorsitzende des Rates des Kreises Potsdam-Land. Ihre durch die KZ-Jahre beeinträchtigte Gesundheit verlangte aber eigentlich Ruhe. Toni Stemmler sah zudem ihre kommunistischen Ideale zusehens im neuen Staat DDR dahingehen.

Als Vorzeige-Antifaschistin wurde sie, mit Orden behängt, jedes Jahr zum Nationalfeiertag zur Paradeabnahme auf die Tribüne in Potsdam geholt. Als Kommunistin hatte sie viele Auszeichnungen erhalten. Die höchste Ehrung, die ihr zuteil geworden war, hatte jedoch nichts mit ihrer kommunistischen Haltung zu tun; die Florence-Nightingale-Medaille, die alle zwei Jahre verdienstvolle Krankenschwestern in der Welt verliehen wird, erhielt sie 1967 in Gold. Großen inneren Anteil nahm sie am „Prager Frühling" und dessen Zerschlagung. Die beiden jungen Mädchen, denen sie in Ravensbrück das Leben gerettet hatte und die den Kontakt zu ihr nie abbrechen ließen, gehörten als Architektin und Musikpädagogin zu den Prager Intellektuellen von '68.

Gesundheitlich angeschlagen und einsam, lebte Toni Stemmler in einem kleinen Haus in Kleinmachnow, wo sie kurze Zeit als Bürgermeisterin tätig war. Ihre späteren „Freunde" waren Menschen, die ihre Nähe suchten, weil sie am materiellen Wohlstand der VdN- Rentnerin teilhaben wollten.

Am 8. 5. 1976 gestorben, wurde sie im Ehrenhain auf dem Neuen Friedhof von Potsdam beigesetzt.

Elisabeth Holnstein

1893-1971

Elisabeth Holnstein war die letzte Frau des Verlegers Gustav Kiepenheuer. Nach seinem Tod 1949 leitete sie den Verlag in Weimar bis 1971.

Schon als junges Mädchen nannte sie sich Noa, und eine Erinnerung an den Polterabend in Potsdam von Carl Zuckmayer beschreibt sie als eine Frau: „*...die wirklich aussah wie ein Tahiti-Gauguin-Mädchen...Es wimmelte von Literaten, Künstlern, Theaterleuten aller Art in dem Potsdamer Haus...von Karin Michaelis bis Joachim Ringelnatz, die gegensätzlichsten und absonderlichsten Figuren der Berliner Geisteswelt.*"

Am 24. 2. 1893 wurde sie in Fürth in Bayern als Tochter des Fabrikbesitzers Franz Josef Holnstein geboren und war in erster Ehe mit Alfred Mayer verheiratet. Am 20. Januar 1925 heiratete sie Gustav Kiepenheuer. Sie wirkte tatkräftig im Verlag und als Übersetzerin und Autorin. Sie übersetzte aus dem Französischen und Englischen, unter anderem Colette, Charles Dickens, Marjorie Bowen, Nathanael Hawthorne. Unter dem Pseudonym Matthias Holnstein schrieb Noa Kiepenheuer Erzählungen und Kurzgeschichten, die sie im Berliner Tageblatt und in der Frankfurter Zeitung publizierte. Das Buch „Die Sommerburg. Ein Malerbuch" erschien 1934 im Kiepenheuer Verlag. Der umfangreiche Text erzählt eine Geschichte von Kunst, Menschen und Landschaft im Inntal.

Nach Kriegsende, nun in Weimar, wurde Noa Kiepenheuer von ihrer Tochter Eva Mayer aus erster Ehe (geboren 1917 in München) unterstützt.

Ab 1946 erschienen in ihrem Verlag fast 300 Erstausgaben, darunter Werke aus der deutschen, russischen, französischen und anglo-amerikanischen Literatur des 19. und frühen 20. Jahrhunderts.

Noa Elisabeth Kiepenheuer starb am 7. 11. 1971 in Weimar.

Margarete Güssow

Die Sterne des nördlichen Himmels bedeuteten ihr nicht nur tägliche Forschung, sondern das Leben. Mehr als zwei Jahrzehnte beobachtete Dr. Margarete Güssow in der Babelsberger Sternwarte die Helligkeit veränderlicher Himmelskörper, auch von Planeten wie Uranus und Jupiter. Am 1. 10. 1938 wurde sie auf Lebenszeit zum Observator ernannt. Damit war sie die erste deutsche Frau in dieser Position und ist es bis heute, zumindest in Potsdam.

Am 13. 6. 1896 in Berlin als eine von zwei Töchtern des Konrektors und Organisten Reinhard Güssow geboren, studierte Margarete seit 1918 drei Jahre an der dortigen Universität Mathematik, Physik und Astronomie. Die Neugier auf die Welt der Sterne hatte ihr Vater geweckt, der sie als kleines Kind an seinen Beobachtungen des nächtlichen Sternenhimmels teilhaben ließ und so seine Leidenschaft für die Astronomie auf die Tochter übertrug.

Schon im Sommer 1921 siedelte sie in die Sternwarte unweit des Griebnitzsees in Potsdam über, wo ältere Studierende wohnen und arbeiten konnten.

1924, nach ihrer Promotion, begann sie ihr Volontariat an der Sternwarte. Mit Prof. Paul Guthnick, seit 1921 Direktor der Sternwarte, stellte sie einen Katalog sämtlicher bis 1930 lichtelektrisch gemessener Sterne zusammen. Viele Tage und Nächte beobachtete sie die Helligkeitsschwankungen ausgewählter Himmelskörper der Nordhalbkugel. Allein 1929 waren es über 200 Abende. Die Astronomin bearbeitete beispielsweise bis 1903 zurückliegendes Beobachtungsmaterial bestimmter Sterne.

Sie wählte sich als Lebensarbeit die lichtelektrische Messung in zwei Spektralbereichen aller hellen Sterne der nördlichen Himmelshalbkugel, die in Reichweite des 31 cm-Refraktors liegen. Ende 1938 hatte sie bereits einen Helligkeitskatalog von 94 Sternen in zwei Spektralbereichen abgearbeitet, um zu prüfen, ob sich die lichtelektrische Methode für diese Aufgabe eigne.

Ihre Berufung zum Observator und damit zum Beamten stieß im Nationalsozialismus auf

Widerstand; auch in dieser Epoche waren Frauen in führenden Positionen unerwünscht. Erst ein Protest der Reichsfrauenführerin verhalf Margarete Güssow zu der Observatorenstelle. Trotz dieser Querelen war sie überzeugte Nationalsozialistin, arbeitete für Rundfunk und Fernsehen. Sie schrieb unter anderem einen Aufsatz über die Hannoveranerin Caroline Herschel (1750-1848), die ihren Bruder bei seinen astronomischen Beobachtungen unterstützte und selbst acht Kometen entdeckte. Nach Kriegsbeginn gestaltete sich die astronomische Forschung aber zunehmend schwieriger, da die Mitarbeiter der Sternwarte überwiegend für das Luftfahrtministerium arbeiten mußten.

Mit ihrem langjährigen Direktor Professor Guthnick überwarf sie sich; gegenseitige Anschuldigungen führten zum endgültigen Zerwürfnis, so läßt sich heute nicht mehr nachprüfen, warum Mitte 1944 die Universitätsakte der Margarete Güssow abrupt endete und weitere Spuren unauffindbar sind.

Lily Pincus

1898-1969

In ihrer Autobiographie „Verloren-Gewonnen. Mein Weg von Berlin nach London" schrieb die Jüdin Lily Pincus nach ihrer Emigration: *„Für mich war das Zurücklassen von Möbeln und Dingen nicht sehr wichtig, aber der Abschied vom Garten fiel mir so schwer, daß ich nie wieder Freude daran gehabt habe, in einem Garten zu arbeiten. Das Stück von mir, das das konnte, ist auf dem Küssel zurückgeblieben."* Gemeint ist die Küsselstraße 41 auf Hermannswerder in Potsdam, wo sie 15 Jahre mit ihrem Mann Fritz Pincus lebte.

Am 13. 3. 1898 wurde Lily Lazarus in Karlsbad geboren.

Ihre Ausbildung erhielt sie 1914-1918 in Berlin im Lette-Haus. Sie nahm eine Stellung in der Neuen Fotografischen Gesellschaft an. Technisch unbegabt, entdeckte sie zu ihrem allergrößten Erstaunen ein neues Fotopapier, das später tatsächlich hergestellt wurde. Die Formel konnte sie, danach gefragt, nicht mehr erinnern. Sie war dann als Röntgenassistentin tätig und heiratete 1922 den fünf Jahre älteren Dr.Jur. Fritz Pincus, der als Syndicus der Internationalen Bank Berlin tätig war.

Lily Pincus wurde in Folge ihrer beruflichen Arbeit als Röntgenassistentin unfruchtbar. Gemeinsam mit dem Ehepaar Cläre und Günther Löwenfeld mieteten die Pincus das Haus auf Hermannswerder und ließen es nach Plänen des Architekten Stephan Hirzel, dem späteren Mitbegründer der Hochschule für Werkkunst in Dresden, vergrößern. Zur Einweihung des Hauses 1932 hielt der Freund der Familien Paul Tillich, eine später auch veröffentlichte Rede mit dem Titel: „Das Wohnen, der Raum und die Zeit" - Eine philosophische Betrachtung mit dem Kernsatz im menschlichen Raum werde letztlich die Zeit mächtig über den Raum. Im Haus auf dem Küssel herrschte reger Betrieb, Familienmitglieder und zahlreiche Freunde trafen sich zu großen Gesellschaften. Hier fanden nach 1933 Kinder verfolgter oder inhaftierter jüdischer Familien Zuflucht bzw. wurden versteckt, alles in enger Zusammenarbeit mit dem Potsdamer Rabbiner

Hermann Schreiber. Zeitweilig fanden 20 Kinder Zuflucht in ihrem Haus in der Küsselstraße.

Als die nahegelegene Hoffbauer-Stiftung eine Sekretärin suchte, übernahm Lily Pincus die Stellung, da es sie schon längere Zeit gereizt hatte, die Stiftung kennenzulernen. In diesem Zusammenhang lernten die Familien Pastor Kühne kennen, der später in der Widerstandsbewegung eine große Rolle spielte. Im Februar 1939 emigrierte das Ehepaar nach England. Potsdamer Juden durften in die Emigration nichts mitnehmen. Lily Pincus beschwerte sich beim zuständigen Amt in Berlin über die Ungerechtigkeit, denn Berliner Juden durften wenigstens einen Koffer bei sich haben. Die Beamten des Potsdamer Zolls erteilten ihr daraufhin eine illegale Erlaubnis. Auch über die Potsdamer Polizei berichtete sie in ihrem Buch Positives. Allgemein galten die Potsdamer Beamten als liberal und wenig beeindruckt vom Nationalsozialismus, was man auf die preußischen Tugenden zurückführen könnte, die hier eine besondere Tradition hatten.

Nach ihrer Emigration arbeitete die nun Einundvierzigjährige in England in der Familienberatung als Psychotherapeutin und wirkte in den deutschsprachigen B.B.C.-Sendungen. Sie baute ein Institut für Ehestudien an der Tavistock Clinic auf. Lily Pincus veröffentlichte in Folge ihrer sozialen und psychotherapeutischen Tätigkeit zahlreiche Texte in England. Das Buch „...bis daß der Tod euch scheidet: Zur Psychologie des Trauerns", erschien 1977 in deutsch in der Deutschen Verlagsanstalt Stuttgart.

Lotte Reiniger

1898-1981

Der erste abendfüllende Animationsfilm der Filmgeschichte „Die Abenteuer des Prinzen Achmed“ wurde von Lotte Reiniger 1926 in Berlin und Paris uraufgeführt. In ihrem Trickfilmstudio in der Hagen-Villa in der großen Weinmeisterstraße hatte sie drei Jahre daran gearbeitet. Ihre Mitarbeiter waren Bartosch, W. Ruttmann und Frans Masareel. (Der erste Mickey Mouse Film von Walt Disney kam 1928) Paul Wegener, für dessen Film „Der Rattenfänger von Hameln“ sie 1918 die Titelvignetten schnitt, brachte die junge Frau zum Film.

Am 2. 6. 1898 in Berlin geboren, beschäftigte sich Lotte Reiniger schon sehr früh mit der Kunst des Scherenschnittes. Inspiriert durch das chinesische Schattenrißtheater fertigte sie Silhouettenfilme mit scherenschnittartigen Figuren mit beweglichen Gliedern vor einem Scherenschnitthintergrund; meist wählte sie poesievolle Märchenstoffe.

Das Studio hatte ihr Mann, der Bühnenbildner Karl Koch, in der Villa des Bankiers Louis Hagen eingerichtet. Karl Koch und Lotte Reiniger arbeiteten später mit Jean Renoir eng zusammen. Hagen führte als großzügiger Mäzen ein gastfreies Haus mit einer Privatschule, die er für seine eigenen Kinder gegründet hatte und von der Pädagogin Cläre With als sogenannte Arbeitsschule leiten ließ. Das Trickfilmstudio unterm Dach wurde von ihm protegiert und von der Filmgesellschaft Comenius-Film produziert. In den dreißiger Jahren arbeitete Lotte Reiniger überwiegend in der Schweiz, in Frankreich, Italien und England. Von ihr sind die Musikfilme „Zehn Minuten mit Mozart“ (1930), „Carmen“ (1933) und „Papageno“ (1935). Für Renoir gestaltete sie 1938 die Schattenspielsequenz für „La Marseillaise“.

Nach dem Krieg siedelte sie endgültig nach England über und brachte für das Fernsehen insgesamt dreizehn Märchenfilme heraus. Ihr letzter abendfüllender Film „Aucassin et Violette“ kam 1975 auf die Leinwand.

Sie starb am 19. 6. 1981 in Dettenhausen bei Tübingen.

Hanna Grisebach

1899-1989

Ihr „Potsdamer Tagebuch“, das sie vom Januar 1945 bis Februar 1946 führte und erst 26 Jahre später zunächst im Privatdruck erscheinen ließ, ist ein seltenes Zeugnis der unmittelbaren Nachkriegszeit. Besonders die Kapitel „Erste Wochen der Russenherrschaft“ und „Die Potsdamer Konferenz“ zeigen eindrucksvoll den Alltag der Stadt aus der Sicht einer evangelischen Jüdin, die mit Hilfe der Bekennenden Kirche in Potsdam überlebt hatte und nun ihre Familie erneut schützen und ernähren mußte. *„Der Neue Garten wird gesperrt, und die GPU durchsucht die Schwanenallee, die als Zufahrtsstraße von allen Bewohnern geräumt werden muß. Auch unsere Wohnung wird kontrolliert, aber man versichert uns, daß wir darin bleiben dürfen. Eine Verhaftungswelle geht durch die Stadt, die Menschen sind in großer Angst und Erregung. Viele Männer werden abgeholt, darunter auch Herr von E., mit dem ich bis vor kurzem musiziert hatte...“*

Hanna Grisebach und ihr Mann hatten sich 1937, als sie Heidelberg verließen, gegen eine Emigration entschieden und wollten im anonymen Berlin untertauchen. Sie fanden eine Wohnung in Potsdam in der Wörtherstraße (heute Menzelstraße) am Neuen Garten.

Am 25. 5. 1899 wurde sie in Berlin als Hanna Blumenthal und Kind jüdischer Eltern geboren. Der Vater starb als sie fünf war. Deshalb zog die Mutter mit den beiden Kindern in ihre Heimatstadt Breslau zurück, wo die gesamte Verwandtschaft der Mutter lebte. Hanna legte in Breslau das Abitur ab und begann gegen den Willen der Mutter und der Verwandten ein Studium. Als Studium kamen Pädagogik und Kunst infrage. Zunächst ging sie einen Kompromiß ein und arbeitete ein Jahr als Hauslehrerin auf einem Gut in der Mark Brandenburg. Danach begann sie Kunstgeschichte, Archäologie, und Musikgeschichte zu studieren. Zwei Jahre in München bei Prof. Wöllfflin und danach, wieder in Breslau, bei August Grisebach. 1924 promovierte sie und 1925 heiratete sie Grisebach, der 18 Jahre älter war. Die beiden Kinder wurden 1926 und 1931 geboren. Während der NS-Zeit weigerte sich August Grisebach, von seiner jüdischen Frau geschieden zu werden und wurde daraufhin pensioniert. Pfarrer Brandt von der Bekennenden Kirche versteckte sie in seiner Wohnung, als sie vor einer der späten SS-Razzien fliehen konnte und brachte sie dann ins Kloster Lindow. Gleich nach Kriegsende bemühte sie sich jedoch, nach Heidelberg zurückzukehren. Nachdem das „Potsdamer Tagebuch" in 150 Exemplaren im Selbstverlag erschienen war, druckte es kurze Zeit später der Lambert Schneider Verlag. Hanna Grisebach antwortete auf die Frage, warum sie das Manuskript erst so spät veröffentlicht habe: *„Weil meine Kinder unter der Zeit zu sehr gelitten hatten und lange nichts mehr davon hören wollten. Aber an meinem 70.Geburtstag hatte ich das Gefühl, nun liege alles weit genug zurück, um mitgeteilt zu werden."* 1951, ein Jahr nach dem Tod ihres Mannes, eröffnete Hanna Grisebach eine Galerie zunächst in ihrer Wohnung und später im Haus des Zimmertheaters. Sie stellte Avantgardisten aus und förderte 25 Jahre lang die zeitgenössische Kunst im Graphischen Kabinett Dr. Grisebach. Viele der bekanntesten Maler und Bildhauer der Bundesrepublik stellten bei ihr aus, Grieshaber, Schlotter, Marcks, Dix, Kerkovius und andere.

Lucie Schölzer

1899-1983

Als rasante Micky-Maus sehr gefragt war sie fast 40 Jahre in Filmkreisen zwischen Neubabelsberg und Berlin. Stets schnell und sicher chauffierte Lucie Schölzer in ihrem großen Taxi prominente Schauspieler, Regisseure sowie alle Leute, die irgendwie mit Film zu tun hatten. Den Namen der Trickfilmfigur verdankte sie ihrer Körperhöhe von knapp anderthalb Metern.

Geboren am 6. 5. 1899 in Frankfurt/Oder wuchs Lucie Schölzer in der näheren Umgebung auf. Zur Ausbildung ging sie Anfang der 20er Jahre nach Babelsberg und lernte Drogistin. Sie besuchte eine landwirtschaftliche Haushaltsschule, in der sie zusätzlich als Laborantin ausgebildet wurde. Weil ihr Examen so gut ausfiel, belohnte die Familie sie mit 200 Mark.

Statt sich damit zu amüsieren, lernte Lucie Auto fahren. Die Leidenschaft für das Automobil ließ sie nicht mehr los, und so hatte sie schon bald durch ihre Arbeit als Double schwieriger Fahr- und Reitkunststücke das Geld für den ersten Wagen beisammen. Um weiter „mobil" zu bleiben, mußte sie sich jedoch eine besser bezahlte Tätigkeit suchen, und so reihte sie sich eines Tages in die Schlange der Chauffeure vor den Neubabelsberger Filmateliers ein. Mit Mißtrauen und Futterneid begegneten ihr anfangs die männlichen Kollegen. Eine Frau am Steuer, die gerade 1.50 m groß kaum übers Lenkrad sehen konnte. Mit der Zeit sprach sich herum, daß Micky eine sichere und zuverlässige Fahrerin war. Sie chauffierte Regisseure, Produktions- und Aufnahmeleiter, prominente Schauspieler, Komparsen und Bühnenarbeiter, Requisiteure, Drehbuchautoren und Journalisten.

Ein Grund für ihre Beliebtheit bei den Prominenten war sicher ihre Diskretion. Neugierige Frager hatten bei ihr keine Chance. Adele Sandrock, Hans Albers und Willy Fritsch, Zarah Leander und O.W.Fischer beispielsweise fuhren vor 1945 oft mit ihr von einem Ufa-Drehtermin zum nächsten. Sie transportierte außerdem Filme und Musterkopien.

Nach dem Krieg baute sie mühselig ihr Chauffeursgewerbe wieder auf. Sie fuhr nun für die

DEFA am einstigen Ufa-Standort in Babelsberg und dann fast 20 Jahre für die in Spandau entstehende CCC (Central Cinema Comp.) von Artur Brauner. In Mickys Autogrammbuch verewigten sich viele Filmstars. Regisseur Helmut Käutner schrieb: „Ein Wiederaufbau des deutschen Films ohne dich, Micky, ist unmöglich!" Curd Jürgens formulierte es so: „Film, Berlin und Micky - drei magische Worte, ein untrennbarer Begriff!"

Sie starb am 15. 10. 1983 in Berlin.

Maimi von Mirbach

1899-1984

Als Maimi von Mirbach am 14. März 1982 die Auszeichnung "Gerechte der Völker" vom Israelischen Staat verliehen wurde, war dies Anerkennung und Dank für die couragierte Haltung jüdischen Mitbürgern gegenüber.

Maimi von Mirbach kam am 9. 4. 1899 in Antwerpen zur Welt. Sie wuchs in einer wohlhabenden, musisch geprägten Familie auf. Ihre behütete Kindheit endete jäh am 5. August 1914, nach dem Überfall der deutschen Armee auf Belgien. Alle Deutschen mußten innerhalb von 24 Stunden das Land verlassen. Die Familie Mirbach reiste nach Potsdam zum Bruder des Vaters, der Oberhofmeister bei Kaiserin Augusta war. Nach einem Vierteljahr starb der Vater.

1915 mietete die Mutter für ihre Töchter Celina und Maimi das Haus Allestraße 10. Mit dem Antwerpener Hausrat kam auch ihr geliebtes Cello in Potsdam an. Sie spielte in verschiedenen Berliner Kammermusikkreisen, die regelmäßig Hauskonzerte gaben und öffentlich auftraten. Ihre Partner waren professionelle Musiker und begabte Laien, meist jüdischer Abstammung. Auch in Potsdam wuchs ein Quartett, dessen Mitglieder sich zu Feiern, Wasserwandern und anderen Ausflügen trafen. Das Potsdamer Quartett spielte Ende der dreißiger Jahre im Haus des Bratschisten Dr. Fritz Hirschfeld, der nach der Reichskristallnacht verhaftet wurde. Er kehrte nach drei Wochen aus dem Gefängnis zurück, in dem er sich mit dem Juristen Dr. Julius Lazarus angefreundet hatte. So lernte Maimi von Mirbach ihre große Liebe Uli kennen.

Damit Hirschfelds schwerkranke Frau in ihrem Haus in Deutschland bleiben konnte, beschaffte Maimi das nötige Geld. Uli emigrierte im April 1939 und folgte seinem Freund Hirschfeld ins holländische Auffanglager Sluis. Auch Maimi reiste in diese Richtung. In den Maitagen 1939 besuchte sie Uli und Hirschfeld im Flüchtlingscamp zum letzten Mal. Nach der Internierung in Westerbork und Theresienstadt kamen sie vermutlich in den Gaskammern von Auschwitz Ende 1944 um.

1937 waren ihre Schwester Celina und ihr Mann gestorben, deren Kinder sie aufnahm. Vormund wurde Erich von dem Bach-Zelewski, Freund des Toten Hans-Carl von Treichel und SS-Aufsteiger. Im Herbst 1942 nahm sie die Studentin Gisela Brendel auf, die wegen ihrer jüdischen Mutter in Hamburg nach dem Pianistenexamen nicht weiterstudieren durfte. Auch den Verlobten und späteren Ehemann von Gisela, den Geiger Hubertus Distler, nahm sie auf.

Auf solches Handeln standen Zuchthaus oder KZ. Später erklärte Maimi, niemand hätte vermutet, daß die Mündel eines SS-Generals mit einer Jüdin aufwuchsen.

Anfang 1943 mußten alle Frauen arbeiten, sie wurde als Cellolehrerin ins Kaiserin-Augusta-Stift verpflichtet. Zusätzlich trat sie in ein Orchester ein. Das Geld brauchte sie außer für den eigenen Lebensunterhalt als Hilfe für jüdische Menschen. Nach Kriegsende durfte sie mit den beiden Mädchen in ihrem Haus nur zwei Mansardenstübchen bewohnen. Durch die Hilfe von Gisela Diestel-Brendels Mutter erhielt Maimi von Mirbach 1949 das Musikzimmer zurück und nach langem Ringen durfte sie wieder als Cellolehrerin arbeiten. Als eine ihrer Ziehtöchter 1953 wegzog, siedelte Maimi nach Westberlin über. Das Potsdamer Haus übernahm ihre Adoptivtochter Gisela, die während des Mauerbaus von einem Besuch bei ihrer Tante ebenfalls nicht zurückkehrte.

Maimi lebte in Charlottenburg wiederum sehr bescheiden vom Cellounterricht. Erneut nahm sie Untermieter, zumeist Musiker, auf. Die deutsche Nachkriegspolitik beobachtete sie kritisch, fand jedoch als aktive Nazigegnerin in Berlin kaum Anerkennung.

Der Einladung nach Jerusalem konnte die krebskranke Maimi von Mirbach nicht mehr folgen. Sie erhielt die höchste Auszeichnung, die der Staat Israel an Nichtjuden vergibt, in der Berliner jüdischen Gemeinde.

Margarete Buber-Neumann

1901-1989

In Potsdam geboren und als Tochter des Brauereibesitzers Thüring aufgewachsen, stand Margarete Buber-Neumann als junge Frau den Kommunisten nahe. Sie erlebte und beschrieb die ersten Aktionen des Roten Frontkämpferbundes und trat Mitte der zwanziger Jahre der KPD bei. Auf Anweisung der Genossen versteckte sie in ihrer Wohnung in der Babelsberger Straße 4 eine zeitlang Georgi Dimitroff und seine Frau, ohne zunächst eine Ahnung zu haben, um wen es sich handelte.

Aus ihrer ersten Ehe mit Rafael Buber, dem Sohn des jüdischen Religionsphilosophen Martin Buber, gingen zwei Töchter hervor. Nach der Scheidung und Rafaels Austritt aus der KPD, bekam Buber das Sorgerecht, und Margarete sah ihre Kinder lange Zeit nicht wieder. Jedoch bedeutete das Aufwachsen der Kinder bei den Schwiegereltern später deren Rettung, da die Bubers rechtzeitig nach Israel emigrierten.

Ab 1928 arbeitete Margarete als Sekretärin in der Redaktion der Zeitschrift „Internationale Pressekonferenz“ in Berlin. Die abendlichen Treffen mit Freunden und Bekannten, die politischen Diskussionen und Streitgespräche fanden bis Ende der zwanziger Jahre in ihrer Potsdamer Wohnung statt.

Sie lernte den Kommunisten Heinz Neumann kennen und mit ihm die deutsche Führungsspitze von innen. Bereits Ende der zwanziger Jahre konstatierte sie die Herrschaft der Parteibürokratie. Sie lernte Ernst Thälmann kennen und beschrieb in ihren Erinnerungen auch die Begegnungen mit dem kommunistischen Rebell Max Hölzl und dem Maler Heinrich Vogeler. Auch Margaretes ältere Schwester Babette stand den Kommunisten nahe. Sie war die Lebensgefährtin von Willi Münzenberg und leitete eines seiner zahlreichen Verlagshäuser in Berlin.

1933 emigrierte das Ehepaar Neumann in die UdSSR. 1937-1940 wurde die Journalistin im Zuge der stalinschen Säuberungen in einem Lager in Sibirien gefangengehalten, dann an die

Gestapo ausgeliefert und bis 1945 in Ravensbrück inhaftiert. Dort lernte sie Milena Jesenska, Kafkas Freundin, kennen. Aus dieser Freundschaft entstand später ein Buch, das beim Ullstein Verlag mehrere Auflagen hatte. Nach dem Krieg lebte Margarete Buber-Neumann als Publizistin in Frankfurt/Main.

Werke: „Von Potsdam nach Moskau - Stationen eines Irrweges", „Als Gefangene bei Stalin und Hitler", „Milena - Kafkas Freundin", „Die erloschene Flamme".

Eva Foerster

1902-1996

Musik und Geborgenheit brachte sie in die Pflanzenwelt des Bornimer Staudenzüchters Karl Foerster. Eva war ihm über 40 Jahre Lebensgefährtin und Muse, ohne die fast alle seine Bücher anders oder gar nicht geschrieben worden wären.

Die 1902 in Stettin Geborene wuchs als Tochter des Organisten der dortigen Schloßkirche schon mit Musik auf. Am liebsten sang sie vom Vater komponierte Kantaten. Mit 16 Jahren begann sie als Solistin. Später folgten Liederabende in Finnland und Schweden. Mitte der zwanziger Jahre ging die junge Frau nach Berlin, um ihre Stimme weiter auszubilden. Von ihrer Tante zwecks Entspannung ins Faschingstreiben der Kunstakademie am Steinplatz geschickt, traf sie 1926 erstmals Karl Foerster, den erfolgreichen Staudenzüchter. Beide waren sofort voneinander fasziniert. Der über 50jährige schrieb ihr poetische Briefe, lud sie nach Bornim in sein Gartenparadies ein. Er warb geduldig um sie.

Eva hatte den Traum, Sängerin zu werden. Ein Jahr schwankte sie zwischen Konzert- und Pflanzenwelt. Im farben- und blütenträchtigen August 1927 heirateten sie. Tochter Marianne wurde 1931 geboren.

Tief tauchte Eva Foerster ins neue Leben im Haus am Bornimer Raubfang. Sie streifte mit neuem Sinn durch den damals schon berühmten Senkgarten, in dem es immer blüht, jede Pflanze zu einer anderen Zeit. Die Zusammenstellung der Gärtnerei-Kataloge wurde eine ihrer wichtigsten Arbeiten. Die Staudenverzeichnisse im überschmalen Format waren damals schon etwas besonderes. Evas Liebe zu Karl war eine schützende Liebe. Sie hielt ihm Probleme fern und organisierte den Tagesablauf, damit er ungestört arbeiten konnte. Sie erledigte die umfangreiche Korrespondenz und prüfte als erste Leserin seine Manuskripte. Sie inspirierte und ermunterte ihn. Eva hielt auch das Haus offen für die unzähligen Besucher. Das Ehepaar liebte den geistreichen Gedankenaustausch mit unterschiedlichsten Menschen.

Eva belebte seine Pflanzenwelt mit Musik. Jeden Abend sang sie ihm etwas vor, meistens den geliebten Mozart. Oft gab es Hauskonzerte. Virtuosen wie Wilhelm Kempff und Edwin Fischer kamen bis zum Krieg regelmäßig nach Bornim und übten auf ihrem Flügel, bevor sie in Potsdam ein Konzert gaben. Bei solchen Gelegenheiten sang sie auch.

In der Nazi-Zeit beschäftigten die Foersters in der Gärtnerei jüdische Freunde, die so überleben konnten. Mit umliegenden Pfarrhäusern versteckten sie reihum jüdische Menschen für eine Nacht. Eva schickte im Krieg Blumen, Briefe, Kaffee, Butter nach Moritzburg zu der von ihr sehr verehrten Käthe Kollwitz, die in Berlin ausgebombt war.

Nach dem Krieg wuchs in der Gärtnerei nur Gemüse, erst 1948 begannen wieder die Züchtungen. Karl Förster war inzwischen über 70 und schrieb weiter seine Bücher. 1970, 96jährig, starb er. Eva Foerster lebte weiter im geliebten Haus am Raubfang. Bis ins hohe Alter streifte sie durch den Stauden-Garten, der inzwischen zum Lebensgarten gewachsen war.

Mildred Harnack-Fish

1902-1943

Am 16. 9. 1902 wurde Mildred Fish, Tochter eines Kaufmannes in Wisconsin, Milwaukee USA, geboren. Sie lernte Arvid Harnack kennen, der sich 1926 bis 1928 als Rockefeller-Stipendiat in Madison, in den USA aufhielt und Nationalökonomie studierte. 1929 heirateten sie und gingen zusammen nach Deutschland. Die Amerikanerin absolvierte ein Philologie-Studium an der Berliner Universität.

Im Sommer 1932 verbrachten die Eheleute drei Wochen in der Sowjetunion. Sie besichtigten Betriebe, Kolchosen, und Hochschulen. Und bereiteten später ein Buch über die Reise vor, das im Rowohlt Verlag erscheinen sollte. 1933 lebten sie in Jena und gingen 1934 zurück nach Berlin. Ab Herbst 1938 arbeitete Mildred Harnack-Fish als Lektorin für amerikanische Literatur beim Verlag Rütten & Loening in Potsdam.

Der Verlag befand sich in der Viktoriastraße 54 (heute Geschwister-Scholl-Straße).

Sie kam in ihrem Fach jedoch nie richtig zum Zuge, da der Verlag die Programmstrecke entgegen seiner Planung nicht mehr richtig ausbaute. Während des Hitler-Regimes bewegte der Verlag sich auf dem schmalen Grat zwischen drohender Schließung und politischer Gleichschaltung. Mildred Harnack war außerdem Dozentin an der Berliner Universität und ab 1941 Lehrbeauftragte für amerikanische Literatur. Ihre Dissertation hatte den Titel: „Die Entwicklung der amerikanischen Literatur der Gegenwart in einigen Hauptvertretern des Romans und der Kurzgeschichte".

In einem Fragebogen der Berliner Universität schrieb Mildred Harnack-Fish unter die Rubrik Religion: Dissident.

Im Januar 1942 wurde Arvid Harnack von Hitler zum Oberregierungsrat im Reichswirtschaftsministerium ernannt. Mildred gehörte ab 1935 zur Kundschaftergruppe Roten Kapelle. Später während des Krieges bereitete sie unter anderem ein Quartier für sowjetische Fallschirmspringer in der Nähe von Bad Saarow vor. Im September 1942 wurde das Ehepaar von der Gestapo an einem Urlaubsort verhaftet. Die Wohnung der Harnacks wurde von Nazis restlos ausgeplündert und der Besitz beschlagnahmt.

Als Mitglied der Rote Kappelle wurde Mildred Harnack Januar 1943 in Plötzensee hingerichtet. Im Namen des Deutschen Volkes wegen Beihilfe zur Vorbereitung des Hochverrats und zur Spionage. Zunächst lautete das Urteil auf sechs Jahre Zuchthaus und Verlust der bürgerlichen Ehrenrechte. Hitler jedoch verlangte das Todesurteil auch für die Frauen der Gruppe, Mildred Harnack und Erika von Brockdorff, durch Fallbeil oder Erhängen. Insgesamt gab es 49 Todesurteile beim Prozeß unter Ausschluß der Öffentlichkeit. Darunter 19 Frauen. Zwei Frauen waren schwanger, Hilde Coppi und Liane Berkowitz. Sie wurden kurz nach der Geburt ihrer Kinder hingerichtet. Im Westen Deutschlands galten die Mitglieder der Roten Kapelle noch lange nach dem Krieg als Landesverräter und Spione.

Walli Nagel

1904-1983

Die Sängerin und Schauspielerin Walentina (Walka) Dimitrewna lernte den Maler Otto Nagel 1924 in ihrer Heimatstadt Leningrad während der Ersten Allgemeinen Deutschen Kunstausstellung kennen. Mehr als hundert deutsche Künstler hatten ihre Werke aus Solidarität mit dem jungen Sowjetstaat in die dortige Akademie der Künste geschickt. Unter ihnen Otto Dix und Hans Arp. Tausende standen schon in den Morgenstunden an.

Walli wurde 1904 in Petersburg geboren. Sie hatte fünf ältere Brüder.

„Und eines Tages wurde ich von links und rechts gewaschen, die Zöpfe wurden straff geflochten, man zog mir ein hübsches Kleidchen an, dazu weiße Söckchen und Lackschuhe - und dann ging Mama mit mir zu Frau Duncan. Diese suchte Schülerinnen, die sie mit nach Paris nehmen wollte...Später sagte Isadora Duncan zu meiner Mama auf französisch: „Ihre Tochter ist sehr hübsch, und es wird ihr sehr viel Freude machen zu leben, aber sie hat vier Zentimeter zu kurze Beine!""

Und 1917 ging Walka mit ihrem Bruder Loschka mitten in die Revolution, neugierig wie alle Kinder direkt in das Zentrum der Kämpfe um das Winterpalais. Einen Tag verbrachten die Kinder bei den Soldaten, aßen mit ihnen und schafften Feuerholz heran. Später sah sie Lenin und seine Frau Krupskaja bei Kundgebungen.

1925 heirateten Otto Nagel und Walka und gingen zusammen nach Deutschland. Sie lernte Egon Erwin Kisch, Heinrich Zille und Käthe Kollwitz kennen. Heinrich Zille unterstützte die Nagels finanziell.

Die Zeit von 1925 bis 1933 bezeichnet sie als die glücklichsten Jahre der Ehe. 1932, als das Ehepaar anläßlich einer Käthe-Kollwitz-Ausstellung in Leningrad weilte, bekam es vom Bildhauer Merkurow den Originalabguß von Lenins Totenmaske geschenkt. Mit Widmung für Otto und Walli Nagel. Stets unterstützte und beschützte die Russin den berühmten Maler. Auf unkonventionelle Art besorgte sie ihm Farben, Pinsel und Leinwand aus einem Warenhaus, bekam ihn aus dem KZ und rettete einen Teil seiner Bilder durch beherztes Vorgehen. Wenn er auf der Straße malen ging - in seinem Atelier war es ihm inzwischen verboten -, trug sie sein Stühlchen und war stolz, die fertigen Pastelle auf dem Heimweg zu tragen.

An eine Emigration dachte er nicht. Walli Nagel wäre gern nach Leningrad zurückgegangen, aber er schlug diese Möglichkeit aus. 1936 wurde er verhaftet und kam ins KZ nach Sachsenhausen. Dem Oberstandartenführer, bei dem sie um Freilassung für ihren Mann bat, schenkte sie in einer plötzlichen Eingebung wertvolle Ohrringe für seine Frau. *„Ich möchte nicht näher darauf eingehen, auf welchem Weg ich ihn herausgeholt habe."*, schrieb sie in ihrem Buch. 1937 wurde er entlassen. Alle Bekannten und Genossen hielten es für ein Wunder. Otto Nagel äußerte, daß er die ganze Zeit gewußt habe, daß irgendeine ihrer verrückten Ideen ihm das Leben retten würde. Mit 39 Jahren gebar sie eine Tochter.

1945 rettete Walli Nagel einen Teil der Bilder von Otto Nagel unter großen Gefahren aus dem Notatelier in Forst.

Der Kulturbund des Landes Brandenburg wurde in Nagels Wohnung gegründet. Dabei waren auch die Schauspielerin Jenny Jugo und die Chansonette Lotte Werkmeister. Von 1945 bis 1952 wohnte die Familie Nagel in Potsdam-Rehbrücke.

Ihren Beruf übte Walli Nagel nie mehr aus. In ihren Erinnerungen schreibt sie: *„Mir aber genügte es nicht, nur die Kameradin, Gefährtin und Geliebte meines Mannes zu sein. Ich wollte meinen eigenen Beruf ausüben, doch das war sehr schwierig. Ich kam aus der Sowjetunion, war eine Russin, und Millionen Deutsche waren ohne Arbeit."*

Otto Nagel tröstete: *„Du bist noch jung, wir werden es schaffen"*. Er hatte wohl nur sich selbst gemeint. Ihre Autobiographie „Das darfst du nicht", herausgegeben von der Tochter Sibylle Schallenberg-Nagel, veröffentlichte der Mitteldeutsche Verlag 1981.

Lilian Harvey

1906-1968

In den beliebten Film-Operetten der Ufa war sie in den dreißiger Jahren der weibliche Star. Lilian Harvey bildete mit Willy Fritsch das singende und tanzende Traumpaar auf der Kinoleinwand.

Geboren wurde sie am 19. 1. 1906 in London als Lilian Helen Muriel Pape. Die Mutter war Engländerin, der Vater ein deutscher Kaufmann aus Magdeburg. Lilian Pape wuchs in London auf, während der Schulzeit nahm sie Ballettunterricht. 1914 übersiedelte sie mit der Familie nach Berlin, wo sie 1923 das Abitur bestand. Danach lernte sie weiter in der Ballettschule der Staatsoper. Im selben Jahr wurde sie, inzwischen unter dem Mädchennamen ihrer Großmutter, Harvey, für eine Revue ans Wiener Ronacher Theater engagiert.

1924 erhielt sie ihre erste Filmrolle. Es folgten Arbeiten mit dem Berliner Produzenten Richard Eichberg, der sie 1928 erstmals mit Willy Fritsch in „Die keusche Susanne" vor die Kamera stellte. Später nahm die Neubabelsberger Ufa Lilian Harvey unter Vertrag. Als Partnerin von Willy Fritsch machte sie Karriere in Filmoperetten wie „Die drei von der Tankstelle" (1930), „Der Kongreß tanzt" (1931) oder „Ein blonder Traum" (1932). In den ebenso erfolgreichen ausländischen Fassungen ihrer Filme brauchte sie natürlich keine Synchronisation.

Auf diesen Erfolg bauend, wagte die beliebte Filmschauspielerin, ähnlich wie Marlene Dietrich, gemeinsam mit ihrem Lebensgefährten und Regisseur Paul Martin 1932 den Sprung nach Hollywood. Erfolglos kehrte sie drei Jahre später zur Ufa und zu Willy Fritsch zurück. Als Film-Traumpaar der dreißiger Jahre drehten sie weiterhin Komödien wie „Glückskinder" (1936) und „Frau am Steuer" (1939). Daß sich Deutschland seit ihrem Ausflug nach Übersee sehr geändert hatte, spürte sie spätestens 1937. Sie hatte dem jüdischen Choreografen Jean Keith zur Flucht in die Schweiz verholfen und war deshalb von der Gestapo verhört worden. 1939 emigrierte sie nach Frankreich und später erneut in die USA, wo sie im Krieg unter anderem als

Schwesternhelferin arbeitete. Ein Comeback als Sängerin und Schauspielerin im Frankreich der Nachkriegszeit gelang ihr nicht. Im französischen Juan-les-Pins, Emigrationsort und spätere Heimat nach dem Krieg, starb Lilian Harvey am 27.7. 1968.

Sophie Farber-Winzer - 1908 - 1957

Emilie Maria Farber - 1904 - 1983

Der Name Farber steht heute noch im Babelsberger Oberlinhaus für aufopferungsvolle Patienten-Betreuung und herausragende ärztliche Kunst.

Dr. Sophie Farber-Winzer kam am 1. 10. 1943 an die Orthopädisch-Chirurgische Klinik des Oberlinhauses Potsdam-Babelsberg, mit deren Leitung sie nach Kriegsende betraut wurde. Bis zu ihrem Tod 1957 war sie eine begnadete Orthopädin und brachte vielen Menschen Heilung oder Linderung.

Die am 27.12.1908 in Aachen geborene Sophie Farber erwarb bei den Ursulinerinnen das Abitur. In München studierte sie Medizin, später in Würzburg. In den Semesterferien arbeitete Sophie, deren drei Geschwister ebenfalls Medizin beziehungsweise Pharmazie studierten, als Famulus an den dortigen Universitätskliniken. Ihr Staatsexamen legte sie Ende 1935 ab. Anschließend promovierte sie mit einer Arbeit über „Die strangförmige Rückenmarkerkrankung". Ihre Bestallung als Ärztin erhielt die junge Frau am 25. 11. 1936.

Fast ein Jahr arbeitete sie parallel als Assistenzärztin an der Heil- und Pflegeanstalt Leubus bei Breslau und an der Psychiatrischen Universitätsklinik Breslau. Bis zum Frühjahr 1943 wirkte die junge Ärztin dann an der Orthopädischen Klinik Alten-Eichen in Hamburg-Stellingen sowie der Uni-Klinik Hamburg-Eppendorf. Außerdem wurde Sophie nach Kriegsbeginn 1939 von der Hamburger Gesundheitsbehörde zu Sprechstunden für Körperbehinderte verpflichtet. Diese Aufgabe bewältigte sie so gut, daß sie ihre Facharztausbildung für Orthopädie schon 1941 abschließen konnte.

Im Herbst 1943 kam Sophie Farber-Winzer an die Orthopädisch-Chirurgische Klinik des Oberlinhauses Potsdam-Babelsberg, mit deren Leitung sie später betraut wurde.

Während die Orthopädin in den ersten Jahren ihrer Potsdamer Zeit überwiegend Kriegsverletzungen behandeln mußte, fand sie später zunehmend Zeit für die Wissenschaft. Ihre Aufmerksamkeit galt besonders der Prophylaxe der damals verbreiteten Kinderlähmung.

Für diese Studien zur Poliomyelitis forschte die Babelsberger Ärztin sogar in Holland, England, Frankreich und Belgien. Dr. Sophie Farber-Winzer sorgte mit für die erfolgreiche Einführung einer besonderen Behandlungsart der gefürchteten Krankheit.

Anfang der 50er Jahre empfahl sie außerdem in Potsdam Reihenuntersuchungen von Jugendlichen auf Tuberkulose und von Frauen auf Krebs. Die rastlose Arbeiterin, die bald einen Nimbus unter Heilung Suchenden hatte, kümmerte sich aber genauso um die alltägliche Versorgung der Patienten mit orthopädischen Hilfsmitteln und die medizinische Betreuung der Werktätigen im VEB Lokomotivbau „Karl Marx" Potsdam-Babelsberg.

Noch nicht 50jährig starb die begnadete Ärztin am 27. 5. 1957.

Der damalige Oberlinpfarrer Reinhold Kleinau erinnerte: *„Sie hat mit unseren Schwestern und Mitarbeitern Hand angelegt beim Wiederaufbau der Klinik nach den schlimmen Tagen der Zerstörung. Uns liegt am Herzen, ihr zu danken, was sie in einem hingebungsvollen Leben für unsere Kranken getan hat. Ihr war gegeben ein feines Einfühlen in das Leben und in das Leiden des Patienten und die sichere Hand des Operateurs. Mit klugem Rat hat sie die Anordnungen getroffen zur Pflege der Kranken. Eine große Schar von Menschen verdankt ihr die Wiederherstellung der Gesundheit und damit der Arbeitskraft, und wo eine Herstellung nicht möglich war, eine Linderung der Schmerzen."*

Aber nicht nur in Babelsberg genoß der Name Farber bei Patienten einen hervorragenden Klang. Auch in Bergholz-Rehbrücke engagierte sich eine Ärztin für die Gesundheit der Bürger. Dr. Emilie Maria Farber wirkte von 1958 bis 1971 im dortigen Landambulatorium und sorgte sich in unzähligen Hausbesuchen um ihre Patienten.

Sophie hatte ihre vier Jahre ältere Schwester überzeugt, aus dem Westen in die DDR zu kommen. Im östlichen deutschen Staat stand im Mittelpunkt des Arztseins eher der gemeinschaftliche Aspekt als der privatwirtschaftliche, unternehmerische. Während im Westen Deutschlands Privatpraxen dominierten, entstanden im Osten Deutschlands Polikliniken. Entgegen dem damaligen Trend, von Ost nach West zu gehen, verlegte Dr. Emilie Maria Farber ihren Wirkungskreis von Bayern nach Potsdam. Der unverhoffte Tod Sophies verhinderte das Zusammengehen der Schwestern.

Sophie und Emilie Maria studierten im ersten Drittel dieses Jahrhunderts Medizin, um Menschen helfen zu können. Gemeinsame Arbeit war ihnen zu Lebzeiten nicht vergönnt. Aber wenn man heute über den Friedhof in der Babelsberger Großbeerenstraße streift, steht neben beider Namenszug dieselbe Inschrift: „Verdienter Arzt des Volkes."

Sieglind Kramer

1914-1965

Dreizehn Jahre lang leitete Dr. Sieglind Kramer das Museum für Ur- und Frühgeschichte in Potsdam. Im Alter von 51 Jahren beging sie Selbstmord.

Als Tochter eines Volksschullehrers wurde sie am 13. 9. 1914 in Haldensleben geboren. Nach dem Abitur 1935 begann sie ein Pädagogikstudium in Halle/Saale und wechselte ein Jahr später nach Schneidemühl an die Hochschule für Lehrerinnenbildung. 1938 legte sie die Prüfung im Fach Geschichte ab und unterrichtete bis 1940 an der Volksschule in Kade bei Genthin. 1941 entschied sie sich für ein weiteres Studium auf dem Gebiet der Ur- und Frühgeschichte in Berlin und beendete es 1945 mit der Dissertation: „Der illyrische Anteil in der Kultur der Bastarnen" (Einfluß der bronzezeitlichen Lausitzer Kultur in Ostpommern). Nach 1945 folgte Sieglind Kramer ihrem Vater nach Burg und arbeitete an einer Grundschule. Sie wurde später Vorsitzende der Berufsfachkommission für Heimatmuseen.

Als ihre Eltern und Schwestern 1951 in den Westen nach Hildesheim gingen, blieb Sieglind Kramer in der DDR. 1952 wurde ihr die Stelle eines Referenten im brandenburgischen Institut für Bodendenkmalpflege angeboten. Ein Jahr später übertrug ihr das Staatssekretariat für Hochschulwesen die Leitung des neu zu errichtenden Museums für Ur- und Frühgeschichte in Potsdam.

Zunächst bezog Sieglind Kramer mit einer Mitarbeiterin (Charlotte Schulz) zwei Räume im ehemaligen Garagenhaus im Neuen Garten. Um die Sammlungen und Forschungen auf dem Gebiet der Frühgeschichte populär und verständlich der Allgemeinheit zugänglich zu machen, gab Sieglind Kramer von 1953 an eine regelmäßig erscheinende Zeitschrift heraus. Zehn Jahre kämpfte sie um einen geeigneten Ort für Museum und Ausstellungsräume. Der Wunsch, ins nahegelegene Schloß Cecilienhof umzuziehen, erfüllte sich nicht, da dort ein Hotel geplant wurde. 1963 konnte das Museum mit nunmehr etwa 20 Mitarbeitern im Babelsberger Schloß eingerichtet werden. Den Um- und Ausbau der neuen Räume bewerkstelligten die Direktorin und ihre Mitarbeiter selbst.

Sieglind Kramer widmete auch ihre Freizeit der Bodendenkmalpflege. Sie blieb unverheiratet und kinderlos. Bis zum Bau der Mauer 1961 besuchte sie jährlich ihre Familie in Hildesheim. Sie war Mitglied der LDPD und engagierte sich im Kulturbund. Sie wohnte in der Wilhelm-Staab-Straße 8. Ihre durch die Teilung Deutschlands größer werdende Einsamkeit und eine politische Intrige führten vermutlich dazu, daß sie sich am Jahresanfang 1965 erhängte. Sie starb am 12. 1. und wurde auf dem Alten Friedhof beigesetzt.

Bettina Hürlimann

1909-1983

Bettina wuchs als ältestes der drei Kinder von Irmgard und Gustav Kiepenheuer in Potsdam auf. In ihrem Buch „Sieben Häuser" beschrieb sie das Potsdamer Leben der zwanziger Jahre. Auch sie wurde wie ihre Eltern im Verlagswesen tätig.

Schon als Kind empfand sie es als Privileg, mit Büchern und Büchermachern aufzuwachsen. Später wurde sie als Frau des Schweizer Verlegers Martin Hürlimann eine international bekannte und verehrte Verlegerin, Herausgeberin und Sammlerin von Kinderbüchern aus vielen Ländern. Sie war Mitglied des Internationalen Kuratoriums für das Jugendbuch und Mitwirkende an der Bienále illustrácié Bratislawa.

Im Alter von 16 Jahren gingen ihre Berufswünsche noch in verschiedene Richtungen. Ihrem Tagebuch vertraute sie an, daß sie von einem Marionettentheater in Anspruch genommen sei. Sie lernte das Trickfilm- und Marionetten-Atelier am Jungfernsee von Lotte Reiniger kennen. Fast verzweifelt sah sie sich vor einer Vielfalt von Möglichkeiten: *„Warum leben gerade in mir so viele Pläne und Ideen, wo doch ganz die Energie und auch zum Teil das Talent fehlt, sie auszuführen. Und warum muß ich mich beispielsweise für Architektur und Kunst interessieren, wo Mathematik das einzige Fach ist, wo ich überhaupt nichts kann."* Zum Freundeskreis ihrer Mutter zählte eben auch der Architekt Mies van der Rohe. Schließlich entschied sie sich jedoch für die Welt des Buches.

1929 begann sie eine Setzerausbildung in Leipzig. Sie besuchte Abendklassen für Zeichnen und Malerei und entdeckte mögliche künftige Illustratoren für die von ihr zu verlegenden Bücher. Nach Verlassen der Akademie arbeitete sie im Bibliographischen Institut. Zurück in Potsdam traf Bettina den in der Fasanerie wohnenden Atlantis-Redakteur Walther Meier wieder. So kam sie auf Stellungsuche mit dem Atlantis-Verleger Hürlimann ins Gespräch. Es wurde eine lebenslange Ehe mit vier Kindern. Die Hochzeit wurde 1933 im Gasthof „Einsiedler" gefeiert.

Vorher absolvierte sie jedoch auf Rat des zukünftigen Gatten ihre Wanderjahre. Sie arbeitete in Bristol in der Druckerei von Henry Hill, wo sie die Erfahrungen der Leipziger Schule vermittelte. Im November 1931 trat sie in den Atlantis-Verlag ein und wurde Nachfolgerin des Herstellers, die rechte Hand des Verlagsleiters Martin Hürlimann. Neben vielen Bildbänden anderer Länder erschien 1933 der Bildband „Die Residenzstadt Potsdam" von Martin Hürlimann und Paul Ortwin Rave, ihrem Nachbarn in Sanssouci.

1939 übersiedelte die Familie in die Schweiz. Bettina arbeitete im Verlag, der sich nun Schweizer Autoren zuwandte, zu denen dann auch Max Frisch gehörte. Ab 1958 nahm die Kinderbuchproduktion im Atlantis-Verlag größeren Umfang an. 165 Manuskripte im Jahr nannte die Verlegerin. 1961 begann die Kooperation mit der Oxford University Press. Bettina Hürlimann begleitete ihren Mann auf vielen Reisen. 1961 betreute sie eine Schweizer Buchausstellung in Japan und knüpfte Kontakte mit fernöstlichen Autoren. 1965 erschien ihr Werk „Die Welt im Kinderbuch".

1972 wurde der Atlantis-Verlag verkauft. Die letzten Jahre ihres Lebens waren von der internationalen Arbeit für das Kinderbuch geprägt. Bettina Hürlimann starb am 9. 7. 1983 in Zollikon. Nach dem Tod ihres Mannes 1984 schenkten die Erben die Kinderbuchsammlung Bettina Hürlimanns dem Schweizerischen Jugendbuch-Institut.

Verwischte Spuren

Die Calefice-Schwestern

Maria Theresia Calefice (1710-1788) war die Frau eines der Langen Kerls, des H.C.Wagenführer, sie führte nach seinem Tod zusammen mit ihrer Schwester Maria Johanna Calefice (1713-1795) die Weinhandlung, in der die Schwestern vermutlich vor seinem Tod schon die Fäden führten. Wagenführer hatte das Haus Breite Straße 28 vom König geschenkt bekommen. Die beiden Frauen engagierten sich sozial und unterstützten Lütticher Arbeiter und ihre Familien, die nach Potsdam ausgewandert waren, um in der Gewehrfabrik zu arbeiten. Der Grabstein der Schwestern ist auf dem Bornstedter Friedhof zu besichtigen.

Anna Catherina Manger (1736-1798)

Heinrich Ludwig Manger heiratete 1762 die einzige Tochter des Potsdamer Amtsmannes Christian Gottlieb Plümecke. Nach seinem Tod wurde 1791 die Märkische Ökonomische Gesellschaft gegründet, in der Anna Catherina wahrscheinlich Mitglied war. Als Landwirtin bewirtschaftete sie einen 15 Morgen umfassenden Garten. Es soll der schönste und eindrucksvollste Privatgarten Potsdams im 18. Jahrhundert gewesen sein. Er erstreckte sich von der Berliner Straße Nummer 136 bis zum Heiligen See. Vier Kinder gingen aus der Ehe der Mangers hervor. Die als August Renz in die Geschichte eingegangene Eleonore Prochaska, die als Frau in die Schlacht gegen Napoleon gezogen und dort umgekommen war, diente zunächst ab 1803 als Küchenmädchen bei einem der Söhne Mangers und spielte auf deren Festen auch Theater. Die Heimatforscherin Karoline Schulze war eine Enkelin Mangers.

Über die Tätigkeit der Frau des Baumeisters Anna Catharina Manger in der Märkischen Ökonomischen Gesellschaft ist nichts überliefert.

Luise von Niesemeuchel (1774-1843),
geb. von Linkersdorf, war die Jugendfreundin des Dichters Heinrich von Kleist.

Friederike Lenné (1798-1855)

Die Tochter des Hofgärtners Joachim H.Voss, der sein ganzes Leben hinter dem grünen Gitter heiter und glücklich zwischen seinen Blumen verträumt haben soll, heiratete den Rheinländer Peter Joseph Lenné. Ein Gemälde von Carl Begas zeigt ihre jugendliche Schönheit.

In der ruhigen Zeit vor 1848 war das Haus, Lennés Dienstwohnung in Sanssouci, Mittelpunkt und Versammlungsort der verschiedensten Klassen eines Berliner und Potsdamer Völkchens von Hofchargen, Künstlern, Gelehrten, Militärs, die hier miteinander verkehrten. Wer als Gast den Fuß über die Schwelle des Lennéschen Hauses setzte, verzichtete dadurch auf jedes Vorrecht seines Ranges und seiner Person, denn Frau Lenné und ihr Gemahl behandelten Hohe und Niedrige mit absoluter Gleichheit. Friederikes Ehe blieb kinderlos.

Schütze

Als erste Anstaltsmutter der von Türk eingerichteten Kinder-Bewahranstalt betreute und versorgte sie bedürftige Kinder. „Mutter Schütze" war die Frau eines Potsdamer Maurergesellen und wohnte in der Breiten Straße 18. In ihrem Wohnhaus stellte sie eine Stube sowie einen Spielplatz im Garten für Kinder zur Verfügung. Auf Anregung des Regierungsrates von Türk und Dank der Initiative der Frau des Regierungspräsidenten von Bassewitz wurde 1829 der „Potsdamer Wohltätigkeitsverein" gegründet. Potsdam hatte 1816 etwa 17.000 Einwohner, von denen mehr als jeder dritte arm war. Von den gespendeten Mitteln konnte der „Hirschfeld-Hort" für bedürftige Kinder in der Elisabethstraße 26 und Am Neustädter Tor die "1. Kleinkinderbewahranstalt" Potsdams eingerichtet werden. In der Tuchmacherstraße öffnete später eine zweite.

Frau Schütze standen 12 Frauen aus dem Militär-, Beamten- und Bürgerstande abwechselnd bei der Aufsicht zur Seite. Das gespendete Geld diente der regelmäßigen Speisung der Kinder und der Ausgabe kräftiger Nahrung für schwache, ältere Personen. Familien, die durch Krankheit oder Tod in besondere Not geraten waren, erhielten gleichfalls finanzielle Unterstützung. 1831 herrschte in Potsdam lange hoher Wasserstand, so daß viele Keller überschwemmt waren. Fieber und Cholera folgten. Die Kinder der Anstalt blieben infolge der guten Verpflegung davon verschont. In dieser Zeit verteilte der Wohltätigkeitsverein täglich 400 Essens-Portionen an notleidende Kinder und Erwachsene.

Sophie Alberti (1826-1892)

Als Schriftstellerin veröffentlichte Sophie Alberti unter dem Pseudonym Sophie Verena. Am 5. 8. 1826 wurde sie in Potsdam als Tochter des Geheimrats Mödinger geboren. Seit dem frühen Tod ihres Gatten lebte sie allein. 1856 erschien ihr erstes Buch, die Novelle „Else", die sie ihrem Zeitgenossen Charles Dickens widmete. Sie übersetzte englische Literatur und veröffentlichte in Zeitschriften.

Die Romane „Ein Sohn des Südens"(1859), „Über alles die Pflicht" (3 Bände, 1870) und die Jugendschrift „In der Weihnachtszeit"(1887) erlebten mehrere Auflagen. Sie schrieb Gedichte und weitere Novellen mit den Titeln „Lebende Blumen", „Photographien des Herzens", „Aus allen Kreisen", „Altes und Neues" und „Von allen Zweigen". 1887 gab sie die Sammlung „Gedankenvoll. Aussprüche von Dichtern und Denkern" heraus.

Ludovica Karoline Hesekiel (1847-1889)

Sie begann als Journalistin bei der Berliner „Kreuz-Zeitung", in der ihr Vater als Redakteur von 1849-1874 arbeitete und übernahm diese Stelle nach seinem Tod. Später schrieb sie historische Romane.

Am 3.7.1847 wurde sie in Altenburg/Thüringen geboren. In Potsdam lebte sie von 1874 bis zwei Jahre vor ihrem frühen Tod 1887 in einem von ihr gekauften Haus der Jägerallee (heute Nummer 34).

1879 erschien ihr Roman „Deutsche Träumer", dessen Handlung in Frankfurt/Oder spielt. „Zünftig" erzählt vom 16.Jahrhundert in Falkenrehde und erschien 1881, und schließlich der Roman „Templer und Johanniter" 1887, der das Leben in der Region um Seelow im Oderbruch widerspiegelt.

Neben der schriftstellerischen Arbeit widmete sie sich der Wohltätigkeit.

1887 heiratete sie vierzigjährig den Diakonus Johnson und zog mit ihm nach Neustadt um, wo sie kurze Zeit später starb.

Mathilde Keller (1853-1945)

Sie war Hofdame der Kaiserin. In ihrem Buch „Vierzig Jahre im Dienst der Kaiserin" beschrieb sie die Gesellschaft um die Jahrhundertwende und ihre Freundschaft mit adligen Frauen, die sich später während der Hitler-Diktatur in der Bekennenden Kirche engagierten.

Am 1.1. 1853 in Erfurt geboren, verbrachte sie ihre Jugend in Gotha, wohin die Familie auf

Grund der beruflichen Tätigkeit des Vaters, als Direktor der Thüringer Eisenbahngesellschaft, umgezogen war. Ihrer Einstellung als Hofdame im Februar 1881 gingen Vorgespräche mit Mitgliedern des preußischen Königshauses voraus. Im Sommer 1881 bezog sie gemeinsam mit Gräfin v. Brockdorff-Kletkamp das Damenhaus im Neuen Garten, als sie im Dienst der Prinzessin Auguste Victoria stand. Ihr Urgroßvater war der Berliner Volksarzt Dr. Ernst Ludwig Heim (1747-1834)

Gemeinsam mit der Kaiserin verließ Mathilde Keller 1918 Potsdam ins holländische Exil und kehrte 1921, nach dem Tod von Auguste Victoria zurück in das Damenhaus im Neuen Garten. Dort schrieb sie ihr kulturgeschichtlich interessantes Buch über ihre 40jährige Tätigkeit am preußischen Hof. Als 92jährige wurde sie 1945 von der sowjetischen Besatzungsmacht aus dem Damenhaus verwiesen. Sie starb am 4. 11. und wurde auf dem Bornstedter Friedhof beigesetzt, neben der 2.Hofstaatsdame Claire v.Gersdorff (1858-1927) und der Oberhofmeisterin Therese v. Brockdorff (1846-1924)

Elisabeth Susemihl (1872-1960)

Ihre private Vorschule existierte seit 1919 in den zwanziger Jahren in der Thiemannschen Villa am Nauener Tor, in der Spandauer Straße 36, heute Friedrich-Ebertstraße 83. Die Vorschule entsprach der heutigen Grundschule. Im Gegensatz zur staatlichen Vorschule, in der die Kinder vier Jahre lernten, unterrichteten Elisabeth Susemihl und ihre Miarbeiterin Fräulein Weber drei Jahre und in der Regel nur zwei Stunden am Tag eine Klassenstärke von 12 Schülern. Den staatlichen Behörden war die Privatschule stets ein Dorn im Auge. Die unverheiratete Pädagogin hatte unentwegt mit Schwierigkeiten zu kämpfen und mußte die Schule Ostern 1930 aufgeben.

Die aus Ostpreußen stammende Elisabeth Susemihl wird von ehemaligen Schülern noch heute verehrt und als eine Frau mit einer gesunden, weltaufgeschlossenen Frömmigkeit beschrieben. Ihren Lebensabend verbrachte sie im Emmaus-Haus in der Eisenhardtstraße, das bis heute als kirchliches Altersheim existiert.

Cläre With

Sie entwickelte in den zwanziger und dreißiger Jahren des 20. Jahrhunderts als Pädagogin eine alternative Schulform in der Hagen-Villa am Jungfernsee. In Zusammenarbeit mit den Kindern entwarf sie die geografischen Hefte „Länder und Völker", die 1930 als Kinderbücher in den Handel kamen. Der Bankier Louis Hagen ließ seine und andere Potsdamer Kinder in seinem nach eigenen Plänen umgebauten Haus unterrichten.

Oda Weitbrecht

1923 setzte Gustav Kiepenheuer Oda Weitbrecht als Herstellungsleiterin für die Produktion aller Bücher ein. 1924 eröffnete sie die eigene „Presse Oda Weitbrecht“ und stellte sich mit deren Produktion (u.a. Heinrich von Kleists Abschiedsbriefe an Marie von Kleist) neben Kiepenheuer auf der großen Potsdamer Ausstellung „Das Buch. Seine Geschichte und Entstehung“ 1925 vor. Die kleine Presse profitierte auch davon, daß die Besitzerin bei Kiepenheuer viele Persönlichkeiten kennengelernt hatte, die dann als Käufer der bibliophilen Drucke oder als deren Auftraggeber auftraten.

Die 1900 geborenen Oda Weitbrecht war die Tochter eines Hamburger Buchhändlers. Nach einem Volontariat bei Anton Kippenberg arbeitete sie seit 1921 als Lehrling in der Herstellung des Gustav Kiepenheuer Verlages in Potsdam. Edlef Köppen, damals ebenfalls bei Kiepenheuer tätig, hatte in Potsdam den kleinen bibliophilen Hadern-Verlag. Oda Weitbrecht wohnte bei ihm und seiner Frau Hete, einer vielseitigen Künstlerin. In einer Remise auf dem Hof installierte Oda Weitbrecht später die Presse.

Anna Zielenziger

Sie war in den zwanziger Jahren des 20. Jahrhunderts die Vorsitzende des Potsdamer Israelitischen Frauenvereins, der am 1. 1. 1851 gegründet wurde. Viele Veranstaltungen und Zusammenkünfte der Potsdamer Juden fanden im Hotel „Zum Einsiedler“ statt (1945 zerstört), so auch das 75jährige Bestehen des Frauenvereins im Februar 1926, wo die Vorsitzende im Beisein der führenden Herren der Synagogengemeinde eine Ansprache hielt und Geld für Bedürftige sammeln ließ. Im März 1929 wurde in der Neuen Königsstraße 66 (heute Berliner Str.90) ein Jüdisches Mädchenheim eingerichtet, das aus dem 1894 gegründeten Mädchenhaus Pankow e.V. hervorgegangen war und jüdischen Mädchen eine Haushaltsausbildung vermitteln wollte. Der Israelitische Frauenverein unterstützte das Heim mit privaten Beiträgen. 1933 nach dem Boykott jüdischer Geschäfte in Potsdam wurde das Mädchenheim in die Reichsführerschule der Hitler-Jugend umgewandelt.

Die Grabstätte der Zielenziger befindet sich auf dem Jüdischer Friedhof in Potsdam am Pfingstberg.

Preußen und seine Frauen

Sigrid Grabner

Ein so formuliertes Thema stößt bei vielen spontan auf großes Interesse. Der Grund liegt im Widerspruch. Denn Frauen und Preußen passen zusammen wie Feuer und Wasser. Das erklärt auch das Unbehagen, das sich beim weiteren Nachdenken über das Thema einstellt. Ein Thema „Preußen und seine Männer" würde nur Kopfschütteln ernten. Warum nicht „Preußen und sein Militär", Preußen und seine Wissenschaft, Technik, Literatur etc., würde man fragen. Bestimmt sich der Mann als Mensch nicht durch sein Tun in der Welt? Die Frau als Mensch aber scheint sich noch immer durch ihr Anderssein zum Mann zu definieren und nicht durch ihr Tun in der Welt. Da es hier nicht um den Kampf und die Eintracht der Geschlechter geht, sondern um die Frau als gesellschaftliches Wesen, beinhaltet schon das Thema eine Diskriminierung, wie übrigens auch ähnliche Themen über Minderheiten, seien es Juden, Homosexuelle, Sinti und Roma. Birgt es doch die Gefahr, eine ohnmächtige Gegenrechnung aufzumachen, eben über Frauen zu reden, die in Politik, Kunst, Wissenschaft „ihren Mann" gestanden haben. Unausgesprochen steht dahinter immer der Satz: Seht mal an, obwohl sie Frauen sind, haben sie etwas geleistet. Ein solches Thema weist ebenso auf ein Defizit hin, wie es dieses fortschreibt. Dennoch: Themen wie dieses sind wohl zulässig und vielleicht sogar notwendig in einer Zeit, da der Anspruch auf Gleichberechtigung der Frauen in der Gesellschaft schmerzhaft mit der Wirklichkeit kollidiert. Und sei's nur darum, den Frauen Mut zu machen und die Selbstgerechtigkeit von Männern heilbringend zu beschädigen.

Auch das zweite Substantiv im Thema wirft Fragen auf: Preußen. Das Staatsgebilde Preußen, das seinen Namen von dem heidnischen Volk der Prussen nordöstlich der Weichsel bezieht und dessen Kernland die Mark Brandenburg war, erreichte 1866 seine größte Ausdehnung mit Ost-, West- und Südpreußen, Schlesien, Posen, Pommern, Schleswig-Holstein,

Hannover, Westfalen, der Rheinprovinz, Hessen-Nassau, Hohenzollern und natürlich der Mark Brandenburg. Der Staat Preußen endete faktisch 1871 mit der Gründung des Deutschen Reiches und formal am 25. Februar 1947 mit dem Kontrollgesetz Nr.46.

Fassen wir also „Preußen und seine Frauen" als historisches Thema? Bis 1871 oder bis 1947? Oder zwingt uns der Schatten des preußischen Geistes, was immer man darunter verstehen mag, das Thema auch als gegenwärtiges abzuhandeln?

Zweite Frage: Vorausgesetzt, wir beschränken uns auf das Kernland des einstigen Preußen, berücksichtigen wir nur die Frauen, die dort geboren sind, oder beziehen wir auch die Frauen ein, die aus anderen Gegenden gekommen sind und in Preußen gewirkt haben? Eine Frau wie Bettina von Arnim zum Beispiel ist nur aus ihrer Frankfurter Herkunft und aus ihrem südlichen Temperament zu erklären. Eine Preußin ist sie nicht und wollte sie vielleicht auch nie sein. Noch viel mehr trifft das auf die Frauen aus allen Gegenden Deutschlands zu, die sich nach der Reichseinigung in der Frauenbewegung engagierten, deren Zentrum die Hauptstadt Berlin war.

Mit diesen Anmerkungen will ich nur zu bedenken geben, auf welch schwankendem Boden von Definitionen sich dieses Thema bewegt.

Es liegt nahe, als Potsdamerin die Stadt nach ihren Frauen in der Geschichte zu befragen. Auf Anhieb fällt einem da kaum mehr ein als eine Mätresse, eine gute Luise und ein Heldenmädchen. Und nur Königin Luise sicherte sich Aufmerksamkeit über die Grenzen Preußens hinaus, weil sie sich mit Napoleon anlegte und eine wohlschmeckende Birne ihren Namen trägt. Ansonsten ahnt man nur vage, daß all die tapferen Generäle und die unbestechlichen Beamten Mütter, Frauen und Töchter gehabt haben müssen, aber man weiß wenig oder nichts von ihnen – den klugen Ehefrauen eines Scharnhorst, Wilhelm von Humboldt oder Bismarck. Wer kennt schon die mit Rodin befreundete Schriftstellerin Helene von Nostitz-Wallwitz (1878-1944), wer die Malerin und Zeitgenossin Friedrich des Großen Anna Dorothea Therbusch (1721-1782), die leidenschaftliche Preußin und jüdische Bankiersfrau Fanny von Arnstein (1758-1818), die Frauenrechtlerin Lily von Braun (1865-1916), die Ärztin Agnes Bluhm (1862-1944), um nur einige zu nennen? Umso bedauerlicher, daß sie alle und noch bekanntere Frauen wie die Dichterin Karsch, Rahel Levin usw. nicht in der für das Ministerium für Wissenschaft, Forschung und Kultur des Landes Brandenburg hergestellten Sammlung „Brandenburgische Persönlichkeiten" enthalten sind. Das 1992 vom Archiv-Buch Verlag Potsdam-Bornim herausgegebene Büchlein zählt 532 Personen auf, davon 13 Frauen. Die Herausgeber des Buches „Große Frauen der Weltgeschichte", 1987 in Klagenfurt erschienen, hielten die genannten Frauen und noch viele mehr aus diesem Landstrich durchaus für würdig, in das Kompendium aufgenommen zu werden.

Es ist deshalb besonders hervorzuheben, daß in den letzten Jahren einige kenntnisreiche Veröffentlichungen von Frauen über Frauen dieser Gegend erschienen sind, so von Hermynia zur Mühlen und Dorothee von Meding („Mit dem Mut des Herzens") über die Frauen des 20.Juli und jüngst von Gabriele Schnell (Herausgeberin) über „Potsdamer Frauen". Alle diese Porträts erzählen präzise und einfühlsam von Frauen dieses Jahrhunderts. In der Darstellung der älteren Geschichte scheint sich, von Ausnahmen abgesehen, immer noch das Vorurteil zu halten, daß das Beste an Preußen die Männer waren. Die übermächtige Gestalt Friedrich Wilhelm I. wirft bis heute ihre Schatten. Der Soldatenkönig, dem wir die vielgepriesenen preußischen Tugenden verdanken sollen, bezeichnete alle Frauen, mit Ausnahme seiner Gemahlin, kurz und einprägsam als Huren.

Dabei ließ sich die preußische Geschichte in dieser Hinsicht mit dem Großen Kurfürsten verheißungsvoll an. Der freite nämlich die kluge Luise Henriette von Oranien (1627-1667). Einem anderen versprochen, hatte die Holländerin keine Lust, dem von Christine von Schweden abgewiesenen Fürsten ihre Hand zu reichen, wozu sie dann doch der Befehl ihres Vaters zwang. Luise Henriette war zu klug, ihr Leben durch Aufbegehren gegen Unabänderliches zu verderben. So machte sie das Beste aus dem Gegebenen und stand ihrem tatkräftigen Mann beim Aufbau des durch den Dreißigjährigen Krieg zerstörten Landes nicht nach. Sie holte holländische Kolonisten ins Land, gründete Schulen, Waisenhäuser, holländische Mustermeiereien und sah wie eine Gutsherrin überall unermüdlich nach dem Rechten.

Auch ihre Schwiegertochter, die Kurfürstin und spätere Königen in Preußen, Sophie Charlotte aus dem Geschlecht der Welfen (1668-1705), spielte noch aus sich selbst heraus eine öffentliche Rolle. Leibniz hatte das glänzend begabte junge Mädchen einst unterwiesen. Sie, der man schmeichelte, eine „Philosophin auf dem Thron" zu sein, rief den Gelehrten nach Berlin, damit er eine Akademie der Wissenschaften gründe. Mit diesen beiden Fürstinnen hatte die Bedeutung preußischer Regentinnen aber auch schon den Höhepunkt und das Ende erreicht. Eine Zarin Katharina II. oder eine Kaiserin Maria Theresia wären im protestantischen Preußen undenkbar gewesen. Hier hatten Frauen weder als Heilige, noch als Mätressen, geschweige denn als Regentinnen eine Chance, zu Größe aufzusteigen.

An dieser Stelle möge eine Abschweifung gestattet sein, die zum Thema gehört. Der Aufstieg Preußens begann nach der Reformation und dem Dreißigjährigen Krieg, in einer Zeit also, da in ganz Europa der Einfluß von Frauen auf das gesellschaftliche Leben rapide zurückging. Noch in unserem Jahrhundert war die Benachteiligung der Frau im Berufsleben größer als im Spätmittelalter. Es scheint ein unausrottbares Vorurteil zu sein, daß der Kampf um die Befreiung und Gleichstellung der Frau erst im vorigen Jahrhundert begann und zu nie dagewesenen Ergebnissen in Europa führte. Verantwortlich dafür ist wohl eine Geschichtsschreibung, die der amerikanische Journalist und Satiriker Ambrose Bierce so definiert: „eine meist falsche Darstellung von meist unwichtigen Ereignissen, herbeigeführt von Herrschern, die meist Knechte, und durch Soldaten, die meist Narren waren."

Die religiöse Frauenbewegung des zwölften und dreizehnten Jahrhunderts gewährte den Frauen in den Klöstern, aber auch in religiösen Gemeinschaften außerhalb der Klöster selbständig verantwortetes Handeln bei gleichzeitiger sozialer Geborgenheit und eröffnete ihnen so das Feld für große Leistungen. Als zwei herausragende Beispiele in Deutschland seien nur Mechthild von Magdeburg und Hildegard von Bingen genannt. Diese Frauen sahen die Erfüllung ihres Lebens nicht in der Ehe und im Gebären und wurden dennoch ihres Charakters, ihrer Fähigkeiten und Verdienste wegen in der Gesellschaft hoch geachtet.

In der Politik bot das Spätmittelalter kein Gegenstück zu den großen Regentinnen der Ottonenzeit, den Kaiserinnen Adelheid und Theophanu, aber Lehnsherrinnen und Landesfürstinnen wußten sich auch gegenüber männlichen Politikern durchzusetzen wie die Gräfin Loretta von Sponheim und Anna von Nassau, die Herzogin von Braunschweig-Lüneburg. Die Frauen der Oberschicht waren oft gebildeter als die Männer. An der Universität von Bologna lehrten Professorinnen.

Die Berufstätigkeit der Frauen, noch erleichtert dadurch, daß es keine Trennung von Wohnung und Arbeitsplatz gab, war in der mittelalterlichen Stadt gang und gäbe. In Köln arbeiteten Frauen in fast allen Wirtschaftszweigen. Meisterinnen bildeten Lehrtöchter aus, Kauffrauen machten Geschäfte auf eigenverantwortlicher Gewinn- und Verlustbasis. Frauen waren Weinhändler, Gewürzimporteure, Messinghändler, Stahlimporteure, deren Marktanteile kaum denen der Männer nachstanden. Für Frankfurt am Main wurden 45 von Frauen ausgeübte Berufe festgestellt, darunter weltliche Schulmeisterinnen, Zöllnerinnen, Geldwechslerinnen, Aufseherinnen der Stadtwaage. Zwischen 1387 und 1497 konnten in Frankfurt 15 Ärztinnen namentlich nachgewiesen werden, darunter vier jüdische Ärztinnen. Danach dauerte es fast vierhundert Jahre, bis 1754 wieder eine Frau in Deutschland den medizinischen Doktorgrad erwerben durfte, und das nach unbeschreiblichen Schwierigkeiten und mit königlicher Ausnahmegenehmigung. Die Frau hieß Dorothea Erxleben (1715-1762), der König, der die allergnädigste Genehmigung Erteilte, Friedrich II. und die Stadt, wo dies geschah, Halle an der Saale. Dies muß zur ehre Preußens gesagt werden. Es brauchte dann noch einmal rund einhundertzwanzig Jahre, bis sich 1877 mit Franziska Tibertius in Berlin eine der ersten Frauenärztinnen Deutschlands niederlassen konnte.

Mit dem „Weiberunwesen" des Spätmittelalters machten Protestantismus und Calvinismus erst einmal Schluß. Die religiöse Reformbewegung, die in der Neuzeit auf Europa und die Welt die unbestritten bedeutendste und nachhaltigste Wirkung ausübte, kehrte zum patriarchalischen Geist des Alten Testaments zurück. Die Mutter Gottes, die Jungfrau als Trösterin mußte einem ernsten und strengen Gott weichen, der den Gehorsam völliger Unterwerfung und Sündlosigkeit forderte. Der Calvinismus mit seiner Prädestinationslehre legte besonderes Gewicht auf ein tugendhaftes Leben. Ständige Aktivität, die einen sittlichen Lebenswandel auszeichnen und Erfolge im Beruf bringen sollte, galt mehr oder weniger als Zeichen, daß man zu den Auserwählten gehörte. Leistung war Bestandteil der religiösen Lehre und wurde verinnerlicht zu einer Demut und einem Pflichtgefühl, deren Kehrseite Selbstgerechtigkeit und Verachtung für die nicht so Tüchtigen waren. Liebe und Erbarmen, seit jeher Attribute des Mütterlichen, galten nun eher als Schwäche, denn als Tugend. „Der unwiderstehliche Zwang zu harter Arbeit", bemerkte Erich Fromm, „wurde zu einer der grundlegenden Produktivkräfte und war von nicht geringerer Bedeutung für die Entwicklung unseres Industriesystems als Dampfkraft und Elektrizität".

Der Calvinismus und die lutherische Lehre von Obrigkeit und Gnadenwahl standen Pate bei der Herausbildung des preußischen Staates durch den Soldatenkönig, einen frommen Mann, dem nichts schnell genug ging, der unablässig tätig war, sein gottgefälliges Werk zu vollbringen.

Die Reformation hatte die Frauen aus den Klöstern getrieben und die religiösen Frauengemeinschaften zerstört – was noch heute vielen als positiv erscheint und in Wirklichkeit für die Betroffenen oft genug eine Strafe war – und sie fest an Haus und Herd gebunden. Fortan galt in der Gesellschaft nur die Frau als ehrenhaft, die ihrem Mann möglichst viele Kinder gebar: Knaben für Heer und Handwerk, Mädchen als tüchtige Hausfrauen und Gebärerinnen. Die Ausbildung von Mädchen, soweit sie überhaupt für nötig befunden wurde, zielte allein darauf ab, die Mädchen auf ein Leben als Mutter einer zahlreichen Kinderschar und als Dienerin ihres Mannes vorzubereiten. Die unverheiratete Frau wurde zum vielbespöttelten ältlichen Fräulein, das seine Bestimmung verfehlt hatte und eigentlich zu nichts nutze war. Christian Graf von Krockow schreibt: *„In der preußisch-deutschen Gesellschaft und Kultur ist ohnehin und stets sehr einseitig das männliche Element betont worden, ein „hartes" Tugendprofil der Leistung, des Einsatzes und der Opferbereitschaft, gipfelnd im Soldatischen samt der Liebe zur Uniform...." „In der Tiefendimension geht es um eine Begründung des Selbstbewußtseins aus dem Privilegiertsein zum Kampf und zum Sterben, in dem man mit seinesgleichen noch unter sich und darum der Mann noch etwas wert ist".* Diese Art von Selbstbewußtsein sähe sich durch die Anerkennung des Weiblichen als gleichberechtigt und gleichgewichtet gefährdet, weil damit das Zivile, eine unheroische Tapferkeit im Alltäglichen, die Bewahrung des Lebens in den Mittelpunkt rücken und womöglich den Idealismus der „heldischen" Opferbereitschaft als hohl entlarven würde. Jene Angst vor dem Weiblichen, die sich schon beim „Soldatenkönig" so charakteristisch bemerkbar macht, ist darum in Untergründen angelegt, die in ihrer eigenen Perspektive durchaus verständlich sind: Das ewig Weibliche zieht uns hinab. Nur folgerichtig fehlt in der preußisch-deutschen Kultur das sänftigende zivilisierende Gegenelement sogar als Symbol: keine Mutter Gottes als Schutzheilige der Nation wie in Polen, und keine Landesmutter wie Maria Theresia in Östereich, kein Mütterchen Rußland, das seine bedrängten Kinder umfängt, nirgendwo Königinnen, die Zeitalter prägen wie das elisabethanische England. Und nur in rasch wieder verwelkenden Ansätzen gibt es eine Salonkultur, wie sie sich in Frankreich um Frauen von Geist und Grazie entwickelt.

Auch die Geselligkeit der höheren Stände in Preußen war männlich geprägt, ja uferte in einen Männer-Kultus aus – vom Tabakkollegium des Soldatenkönigs über die Tafelrunde des großen Friedrich bis hin zu den Männerbünden im zwanzigsten Jahrhundert, die sich nicht nur frauen-, sondern überhaupt leibfeindlich gerierten und die darin angelegte Homosexualität verdrängten, sublimierten, aber niemals tolerierten.

Die Frauen im preußischen Staat zwischen 1700 und 1871 spielten weder als Persönlichkeiten eine herausragende Rolle, noch prägten sie die Kultur. Die Mütter, Schwestern, Gattinnen der Regenten, Politiker, Militärs, Wissenschaftler verblieben bis auf wenige Ausnahmen in dieser Funktion. Das preußische Staatsideal mit seinen Tugenden von Pflichterfüllung, Ordnung, Sparsamkeit, Bescheidenheit, Gehorsam, Fleiß bestimmte die Erziehung. Liebe und Barmherzigkeit, Vergebung menschlicher Schwächen gehörten nicht zu den preußischen Tugenden. Ihr Fehlen erklärt, warum die sogenannten preußischen Tugenden in Europa nicht nur Bewunderung, sondern auch Spott und Entsetzen hervorriefen. Das ist bis zum heutigen Tag so.

Tugenden, denen die Liebe fehlt, schlagen leicht ins Lächerliche oder gar Menschenfeindliche um.

Den Frauen blieb in einer ausschließlich männlich bestimmten Gesellschaft nichts anderes übrig, als deren Tugenden zu verinnerlichen. Gelang ihnen das nicht, wie Fontane das so eindrucksvoll in „Effi Briest" beschreibt, gingen sie seelisch und physisch zugrunde wie Effi Briest oder fielen der gesellschaftlichen Verachtung anheim wie die kluge Wilhelmine Encke, die Mätresse Friedrich Wilhelm II.

Das unbescholtenen Mädchen Doris Ritter, die Tochter eines Potsdamer Schulmeisters, ließ der Soldatenkönig öffentlich auspeitschen, an den Pranger stellen und jahrelang in Spandau einsperren, nur weil sie mit dem Kronprinzen ein paar verliebte Blicke gewechselt hatte. Aber ging es denn seiner Gemahlin Sophie Dorothea, der stolzen Welfin, besser? Gewiß, sie brauchte sich nicht über Seitensprünge ihres Gemahls zu beklagen. Vierzehn Kinder brachte sie zur Welt. Sie mag sich den seine Landeskinder eigenhändig prügelnden Tugendbold oft heimlich in das Bett einer Mätresse gewünscht haben. Nichts war ihr erlaubt, keine jener Freuden, die das Leben einer zur Tatenlosigkeit verurteilten Frau erträglich machen: Spiele, Feste, Mode, Literatur, Theater. Ihr blieben nur Bett, Bibel und Nähzeug.

Der gegen seinen Vater so aufmüpfige Friedrich hielt es mit seiner Gemahlin Elisabeth Christine von Braunschweig-Bevern ähnlich. Er ersparte ihr zwar das Beilager, vielleicht zu ihrem Verdruß, verbannte sie aber auf das Schlößchen Schönhausen, wo sie fernab des königlichen Hofes das Leben einer kleinen Gutsherrin führte. Und was den Soldatenkönig das Tabakskollegium gewesen war, wurde ihm die Tafelrunde von Sanssouci, an der nie eine Frau gesehen ward.

Sein Neffe Friedrich Wilhelm II. war, was das schöne Geschlecht anging, die Ausnahme von der Regel. Friedrich II. hatte mit Blick auf seinen Nachfolger ein Jahr vor seinem Tode prophezeit: *„Die Weiber werden regieren, der Staat wird untergehen."* Der Staat Friedrichs ging zwanzig Jahre später zugrunde, aber nicht an den Weibern, denn die regierten nicht, taten allenfalls so als ob: die beiden Gemahlinnen Friedrich Wilhelms II. – die hübsche und untreue Braunschweigerin Charlotte und die schüchterne sprachgehemmte Prinzessin von Darmstadt -, die Mätresse Wilhelmine Encke, der wir immerhin das Palais Lichtenau und das Schlößchen auf der Pfaueninsel verdanken, und dazu noch einige Hoffräulein. Sie alle blieben aber doch im Guten wie im Bösen zur Bedeutungslosigkeit verdammt.

„Sire, ich bin Gattin und Mutter, und diese beiden Eigenschaften lassen mich Ihnen das Schicksal Preußens empfehlen, eines Landes, an das so viele Bande mich fesseln und wo man

uns rührende Beweise der Anhänglichkeit gibt." Mit diesen Worten an Napoleon schrieb sich die einundreißigjährige Königin Luise (1776-1810) in das Buch der europäischen Geschichte ein. Doch da blieben ihr nur noch drei Jahre zu leben, und niemand vermag zu sagen, ob die politisch begabte und dazu noch schöne und charmante Frau eine wirklich bedeutende Rolle in Preußen hätte spielen können. Ihr früher Tod verurteilte sie dazu, nur in sentimentaler Verehrung von Luisenbünden fortzuleben.

Ein selbstbewußtes Bürgertum war Preußens Stärke nie. So kamen die Frauen, die außerhalb des Adels zu Ansehen gelangten, aus armen Schichten oder dem sich emanzipierenden Judentum. Eleonore Prohaska (1785-1813), die als Lützower Jäger Renz für die Freiheit Preußens von napoleonischer Fremdherrschaft kämpfte, war Zögling des Potsdamer Militärwaisenhauses. Immerhin konnte sie ihrem Bruder aus dem Feld schreiben, und daß und wie sie schrieb, spricht für das Militärwaisenhaus: *„Ich war im Inneren überzeugt, keine schlechte oder unsinnige Tat zu begehen, denn sieh nur: Spanien und Tyrol, wie da die Weiber handelten..."*

Zu erinnern ist an Anna Luise Karsch, als Gastwirtstochter 1722 (gestorben 1791) in Schlesien geboren. Ein Baron Kottwitz entdeckte die dichterische Begabung der Karschin, die bis dahin in zwei sie demütigenden Ehen ihre Kraft verbraucht hatte. Der Dichter Gleim feierte sie bald als „deutsche Sappho"; der große Friedrich, der deutsche Dichtung nicht ausstehen konnte, empfing sie in Potsdam, versprach ihr Unterstützung, um ihr dann höhnisch zwei Taler mit der Widmung „um Geschenk für Deutschlands Dichterin zukommen" zu lassen.

Die Karschin bewies Stolz vor Fürstenthronen, als sie dem König das Geld mit dem Vers zurückschickte: *„Zwei Taler sind zu wenig/ für einen großen König./ Zwei Taler sind kein Glück,/ drum geb ich sie zurück."* Als sie Jahre später, in großer Not lebend, Friedrich an sein Versprechen, ihr zu helfen, erinnerte, ließ er ihr, eingedenk ihres kritischen Verses, statt zwei nun drei Taler übergeben. Das versprochene Haus schenkte ihr erst Friedrichs Nachfolger, der kunstfreundliche und glücklose Friedrich Wilhelm II. Wenige Wochen später starb sie.

Die Karschin besaß Mut, Hartnäckigkeit und Selbsterkenntnis wie sie selten so schön zusammengehen. So schrieb sie über sich: *„Lange hätte ich der Welt schon größere Werke geschenkt, wenn Fähigkeit hierzu gewesen wäre. Aber: Der Vogel schwingt sich nicht höher als die Kraft seiner Fittiche trägt..."*

Rahel Levin (1771-1833) und Henriette Herz (1764-1847) hätten sich wohl höher schwingen können, wären sie nicht in einen Käfig eingesperrt gewesen – den Käfig ihrer jüdischen Herkunft. Mochten sie auch mit den berühmtesten Männern ihrer Zeit auf gleichem geistigen Niveau korrespondieren, in ihren Salons mit ihnen disputieren – ihr Lebenskreis blieb eingeschränkt, die volle menschliche Anerkennung blieb ihnen versagt. Da half ihnen auch nicht die Konversion zum Christentum.

Bettina von Arnim (1785-1859), die Dritte im Bunde bedeutender preußischer Frauen der Romantik, machte erst nach dem Tode ihres Mannes als Schriftstellerin von sich reden. Aus großbürgerlichem Hause stammend, als Gattin eines märkischen Junkers konnte sie, im Gegensatz zu Rahel, den Schritt aus dem Salon in die Öffentlichkeit vollziehen, aber auch erst, nachdem überall in Europa freiheitliche Bewegungen die Metternichsche Scheinstabilität erschüttert hatten: die Julirevolution von 1830 in Paris, der Aufstand in Polen, das Hambacher Fest... Vielleicht weil man sie für überspannt hielt, sie nie ganz ernst nahm, konnte sie den Freiraum des „Verrücktseins“ nutzen, öffentlich für die wegen ihres Liberalismus gemaßregelten Göttinger Professoren einzutreten, sich für polnische Revolutionäre und schlesische Weber einzusetzen. Mit einem Mut ohnegleichen, der im totalitär geprägten zwanzigsten Jahrhundert durchaus nachzuvollziehen ist, suchte die fast Sechzigjährige mit ihrem Werk "Dies Buch gehört dem König" das Gewissen der Herrschenden aufzurütteln und sie zu sozialen Reformen zu bewegen.

Als sie in einer Gesellschaft wegen ihres Königsbuches heftig angegriffen wurde, erwiderte sie trotzig, es würden noch weitere Bände folgen. Darauf erwiderte ihr Schwager Savigny, der preußische Justizminister, es wäre an einem schon zu viel. Darauf Bettina: Sie müsse dem König vollkommen klar machen, daß er Esel zu Ministern habe, und das könne sie nicht in aller Kürze.

Nein, Bettina, obwohl Gattin und Mutter von sechs Kindern, entsprach nicht dem preußischen Tugendideal. Sie war nicht bescheiden, nicht gehorsam, nicht diszipliniert und sparsam nur aus Not. Aber sie lebte, mit der ganzen Kraft ihres Herzens und ihres Verstandes. Ungleich Rahel, die an der „Infamie“ ihrer jüdischen Geburt litt, war Bettina nicht auf Anerkennung durch die bestehende Ordnung angewiesen. Aller Widerstand, der ihr entgegenschlug, radikalisierte ihr Denken und sprengte die Grenzen ihrer Herkunft und ihres gesellschaftlichen Standes. Bettina läßt sich in keinen Schubkasten einordnen, nicht in den der Gattin, der Schriftstellerin, der Frauenrechtlerin, der Reformerin oder der Sozialarbeiterin. Sie war all dies, aber sie war noch mehr: Sie war Bettina. Denn sie hatte das höchste Ziel jeglicher Emanzipation erreicht – tätig in der Welt mit sich selbst im Einklang zu leben. Daher rührt ihre Ausstrahlung bis heute.

Die jüngere Fanny Lewald (1811-1889), aus einem patriarchalischen jüdischen Elternhaus in Königsberg stammend, nutzte eine der wenigen Möglichkeiten für bürgerliche Frauen, selbst für ihren Unterhalt zu sorgen: die Existenz als Schriftstellerin. Zeitgenossen verglichen ihren Einfluß auf die Literatur mit dem von George Sand. Marie von Ebner-Eschenbach bezeichnete Fanny Lewald als ihr Vorbild.

Die Briefe Rahels, die Fanny als Dreiundzwanzigjährige las, der Umgang mit Bettina von Arnim bestärkten sie darin, sich zu ihrem eigenen Denken und Fühlen zu bekennen, sich einer ungewollten Ehe zu widersetzen und unbeirrbar an ihrer Liebe zu dem verheirateten Adolf Stahr festzuhalten.

Mit Fanny Lewald, die 1889 starb, beginnt die Reihe der Frauenrechtlerinnen, zu denen sie sich freilich nicht zählte. Aber ihre zeitkritischen, der Emanzipation der Frauen und Juden gewidmeten Romane waren von großem Einfluß auf die sich formierende Frauenbewegung. Obwohl sie den sogenannten Frauenroman in die Literatur einführte, lehnte sie eine Sonderstellung weiblicher Autoren von seiten der literarischen Kritik ab, fürchtete sie doch dahinter eine Herablassung und Degradierung. Aber sie wehrte sich gegen die ungerechte Bevorzugung der Männer in Kunst und Literatur, für die es Ehrenämter, Pensionen, Orden, Jahresgehalt, Aufmunterungen und Anerkennungen gebe, während die Frauen leer ausgingen. Aus den Erfahrungen ihres Lebens heraus machte sie Fortschritte in der Frauenemanzipation von der Selbstemanzipation abhängig. Die schönsten Gesetze taugen nichts, prophezeite sie, solange die Frauen sich nicht von sich selber und ihren Gewohnheiten emanzipieren. Hier meinte sie vor allem die Putzsucht, den Müßiggang und die Borniertheit der bürgerlichen Frauen. Die Wahrheit, daß man von anderen nichts verlangen kann, was man sich nicht selbst abverlangt, gilt auch heute. Unsere Altvorderen drückten es einfacher aus: Hilf dir selbst, so hilft dir Gott.

Mit der Reichseinigung 1871 und dem Aufstieg Berlins zur Reichshauptstadt konzentrierte sich in Preußen die deutsche Frauenbewegung. Die Residenzstadt Potsdam spielte dabei höchstens eine Rolle als Ausflugsziel für Frauenvereine. Sie mögen alle hier gewesen sein: die Frauenrechtlerinnen Lily Braun, Minna Cauer, Helene Lange, Katja Manns Großmutter Hedwig Dohm, die Politikerinnen Klara Zetkin und Rosa Luxemburg, die Physikerin Lise Meitner und natürlich die Schauspielerinnen Lucie Höflich und Marlene Dietrich, die Malerin Käthe Kollwitz, die Dichterinnen Nelly Sachs und Gertrud Kolmar. Die deutsche Frauenbewegung stellt nun freilich nichts typisch Preußisches dar, sie ist Bestandteil einer internationalen Bewegung.

Aber ein Aspekt verdient doch noch, besonders hervorgehoben zu werden. Auf die Bedeutung der Jüdinnen Rahel Levin, Henriette Herz und Fanny Lewald für die Frauenemanzipation habe ich bereits hingewiesen. Was jüdische Frauen in Preußen auf diesem Gebiet geleistet haben, kann gar nicht überschätzt werden. Sie, die einen doppelten Makel trugen, nämlich Frau und Jüdin zu sein, kämpften mit einer Tapferkeit gegen den preußischen Männlichkeitswahn an, der uns noch heute Bewunderung abnötigt. Ihre Nachfolgerinnen im preußischen Deutschland wie die Politikerin Rosa Luxemburg, (1871-1919), die Frauenrechtlerin Hedwig Dohm (1833-1919), die Physikerin Lise Meitner (1878-1968, die von den Nationalsozialisten in Auschwitz ermordete Gertrud Kolmar (1894-1944) und die ihnen in letzter Minute entkommene spätere Nobelpreisträgerin für Literatur Nelly Sachs (1891-1970) zeigen exemplarisch, wieviel mehr Kraft als ihre nichtjüdischen Schwestern sie aufbringen mußten, um sich als Frauen zu behaupten. Die ihnen abgeforderte Kraft kam allen Frauen zugute und befruchtete das geistige Leben Preußens und Deutschlands auf eindrucksvolle Weise.

Frauen in Preußen, das Thema wäre verschenkt, diente es nur als Ausflug in die Vergangenheit. Derzeit ist hierzulande viel von preußischen Tugenden die Rede, deren "Erfinder" der Soldatenkönig sein soll. Ich will diesem mir nicht sympathischen Herrn weder Verdienste noch historische Bedeutung absprechen. Doch wenn die Frauen für die sogenannten preußischen Tugenden begeistert werden sollen, als da sind: Sparsamkeit, Pflichtbewußtsein, Fleiß, Ordnung, Gehorsam, dann sollte man redlicherweise auch sagen, daß die Armut dieses Landes solche Verhaltensweisen notwendig machte und daß der Soldatenkönig sie auf eine heute nicht mehr zu akzeptierende Weise durchsetzte. Erprügelte Tugenden sind nicht von Dauer und schon gar nicht überzeugend. Wenn wir uns zu den gepriesenen preußischen Tugenden bekennen – und was wäre gegen Sparsamkeit, Pflichtbewußtsein etc. auch einzuwenden? -, dann müssen wir für sie einen Ansatzpunkt in der Gegenwart finden, der auch Frauen gestattet, sie selbst zu sein. Deutschlands Streusandbüchse, die Mark Brandenburg, braucht keinen Nachfolger des Soldatenkönigs, sondern Frauen und Männer, die dem Anspruchsdenken entsagen, die bedrohte Natur schützen und mit Phantasie und Engagement aus dem Mangel einen Reichtum an Lebensqualität schaffen.

Sollte aber die undifferenzierte Bewunderung oder gar Nachahmung preußischer Traditionen darauf abzielen, die Frauen generell wieder an Wohnung und Herd binden zu wollen, dann sollten wir uns auf die Quedlinburgerin Dorothea Erxleben, auf die Frankfurterin Bettina und auf die

Königsbergerin Fanny Lewald besinnen, auf jene Frauen also, die dem männlichen Preußen ihren Lebensanspruch entgegenstellten.

Es gibt zu denken, daß Menschen mit der Bezeichnung „Frau und Ost" auf der untersten Werteskala sowohl auf dem Arbeitsmarkt wie in der Gesellschaft stehen. Nun kann die Frauenfeindlichkeit in der Gesellschaft nicht durch eine Quotenregelung abgeschafft werden. Viele Frauen wollen ja gar nicht in den rüden Konkurrenzkampf der Anzug-Männer eintreten, sich nicht auf endlosen Konferenzen und Besprechungen in einer papiernen Metasprache üben. In einer zunehmend rücksichtsloser werdenden Leistungsgesellschaft haben Liebe und Barmherzigkeit, Verzicht, Vergebung, Aufopferung – Eigenschaften, die seit jeher dem Weiblichen zugeschrieben werden – keinen Platz. Die Vergewaltigung der Natur wird begleitet von der Gewalt auf den Straßen und der Vergewaltigung im weitesten Sinne von Frauen und Kindern. In Frauenfeindlichkeit zeigt sich auch immer die Lebensfeindlichkeit der Gesellschaft.

Die Frauenrechtlerin Helene Lange (1848-1930), die kaum noch jemand kennt und nach der eine Straße in Potsdam benannt ist, sah es als Ziel der Ausbildung von Mädchen an, die schöpferischen Kräfte der Frau zu wecken, *„eine seelische Produktivität, die nicht dem Gehirn, sondern der Mütterlichkeit entspringt und die der Welt das ausgeglichene soziale und sittliche Gepräge beider Geschlechter gibt"*. Ihre Mitstreiterin, die Schriftstellerin Gertrud Bäumer (1873-1954), wußte so gut wie alle, denen es um Inhalte geht, daß Forderungen, Gesetze, Verordnungen nicht das beschriebene Papier wert sind, wenn hinter ihnen nicht starke brennende Persönlichkeiten stehen, die das schon leben, was sie für die Allgemeinheit fordern. 1912 schrieb Gertrud Bäumer: *„Wenn einmal das merkwürdig reiche und problematische Stück Entwicklung, das mit dem Ausdruck Frauenbewegung etwas flach und schlagwortartig bezeichnet ist, in das Licht der Geschichte rückt, dann werden uns nur noch die Frauen bedeutsam erscheinen, in denen die Bewegung sich zur Einmaligkeit eines ganz persönlichen Erlebens erhob, die Frauen, die sich – leidend und triumphierend – zum neuen Typus erschufen."*

Frauen in Preußen – ein wenig ergiebiges Thema. Aber gerade das sollte uns zu denken geben. Wenn wir die Ursachen für die Vernachlässigung, ja Diskriminierung des Weiblichen in Preußen aufspüren und die Beispiele gelungener Emanzipation vor diesem dunklen Hintergrund um so heller aufleuchten, geht uns vielleicht ein Licht auf, welchen Weg die Frauen hierzulande einschlagen müssen und wie viel Hartnäckigkeit, Phantasie und Mut zur Mütterlichkeit er ihnen abverlangt. 1936 schrieb Mahatma Gandhi: „Wenn die menschliche Gesellschaft nicht durch irrsinnige Kriege von Nationen gegen Nationen und durch noch irrsinnigere Kriege gegen ihre moralischen Fundamente vernichtet werden soll, dann werden die Frauen ihre Rolle spielen müssen; zwar nicht nach Art der Männer, wie es etliche anzupacken suchen, sondern nach Art der Frauen. Sie können die Menschheit nicht bessern, wenn sie den Männern darin nacheifern, tüchtig bei der sinnlosen Vernichtung von Leben zu sein. Mögen sie ihr Privileg wahrnehmen, den abgeirrten Mann aus seiner Verirrung herauszuhelfen, bevor er seinerseits die Frau in seinen Untergang hineinreißt."

Personenregister

Auswahl-Bibliographie

Friedrich August Ludwig von der Marwitz. Nachrichten aus meinem Leben 1777-1808. Hrsg., mit Anmerkungen und einem Nachwort versehen von Günter de Bruyn. Buchverlag der Morgen Berlin 1989

1.000 Jahre Potsdam. Das Buch zum Stadtjubiläum mit dem Festprogramm. Im Auftr. Des Magistrats der Stadt Potsdam hrsg. Von Sigrid Grabner und Knut Kiesant. – Frankfurt/Main; Berlin; Ullstein 1992

Mitgestalter der Geschichte...biografische Skizzen – Potsdam 1980

Fräulein Karoline Schulze, Familiengeschichten aus dem alten Potsdam und Umgebung. Hrsg. Klaus Ingo Plümecke. Rüss Potsdam 1996.

Die Berliner Vorstadt. Geschichte und Architektur eines Potsdamer Stadtteils. Sabine Bohle-Heintzenberg, Manfred Hamm. 1995 Nicolai Berlin.

Babelsberg, ein Ortsteil Potsdams; Christa und Johannes Jankowiak, Stapp Verlag Berlin 1996

Walter Fellmann, Mätressen, LKG 1994 Leipzig

100 Jahre St. Josefs-Krankenhaus in Potsdam 1862-1962, Festschrift von Johannes Allendorff.

Riemann Musik Lexikon 1961, B. Schott's Söhne Mainz.

Oskar Anwand, Die Primadonna Friedrich des Großen, Verlagshaus Bong & Co. Berlin 1930.

Günter Grützbner, Manfred Ohlsen. Schloß Cecilienhof und das Kronprinzenpaar, Museums- und Galerie-Verlag Berlin 1991

"Potsdamer Frauen. 10 Frauenschicksale vom Kaiserreich bis heute", hrsg. Von Gabriele Schnell. Potsdamer Verlagsbuchhandlung 1993

Friedrich II. von Preußen. Eine Biographie von Ingrid Mittenzwei, VEB Deutscher Verlag der Wissenschaften Berlin 1980.

Alltag des Dokfilms. Erinnerungen an die Jahre 1946-1950, Redaktion Günter Jordan; Reihe: Podium und Werkstatt 24/ Schriften des Verbandes der Film- und Fernsehschaffenden der DDR 1987.

Die Gesichter der UFA. Starporträts einer Epoche, Friedemann Beyer, Heyne-Bücher 1992.

Vierteljahresschriften der Astronomischen Gesellschaft 1925-1943

Mitteilungen des Vereins für die Geschichte Potsdams

Potsdamer Musikgeschichte, Vera Grützner, Berlin Arani-Verlag 1992.

Potsdam-Führer für Literaturfreunde. Auf den Spuren von Männern und Frauen der Feder in der Havelstadt, Karl Voß, Berlin Arani-Verlag 1993

Der Bornstedter Friedhof in Potsdam. Ein Verzeichnis der Grabstätten bedeutender historischer Persönlichkeiten des 17.-20. Jahrhunderts, Klaus Arlt, Potsdam 1984.

Das darfst du nicht, Erinnerungen von Wally Nagel, Mitteldeutscher Verlag Halle-Leipzig 1981.

Bildnachweis

Ullstein Bilderdienst (7), Bildarchiv Preußischer Kulturbesitz (7), Gedenkstätte Deutscher Widerstand (1), Museum für Ur- und Frühgeschichte (1), Märkische Allgemeine Zeitung (3), Hoffbauerstiftung (1), privat (2)